365말씀 & 기도

완전 소중한 기도

매일매일 성경보고 기도하는 킹왕짱 어린이~!

신교횃불
CcM²u

그때 예수님께서 그들에게 선언하셨습니다.
"나는 생명의 빵이다.
내게 오는 사람은 결단코 굶주리지 않을 것이며
나를 믿는 사람은 결코 목마르지 않을 것이다."

- 쉬운성경 요한복음 6:35

♡ 우리 기도해요!

"주님의 복음은 완전한 복음이에요.
한 번 믿으면 영원히 목마르지도 배고프지도 않는 복음이에요.
주님을 믿고 있다는 것이 너무나 행복해요."
예수님의 이름으로 기도합니다. 아멘

【선언】 주장을 널리 알리는 것,
또는 국가의 방침을 외부에 정식으로 표명하는 것

시기심과 이기심이 있는 곳에는 혼란과 온갖 악한 일이 있을 뿐입니다.
- 쉬운성경 야고보서 3:16

♡ 우리 기도해요!

"남을 샘하고 미워하는 마음과
남이 잘되는 것을 싫어하는 마음은
정말 나쁜 마음이에요.
저도 그런 마음이 있나요?"
예수님의 이름으로 기도합니다. 아멘

【혼란】 뒤죽박죽이 되어 어지럽고
　　　 질서가 없음

지혜로운 사람은 하늘의 밝은 별처럼 빛날 것이다.
사람들을 올바른 길로 이끈 사람은 영원히 별처럼 빛날 것이다.
- 쉬운성경 다니엘 12:3

♡ 우리 기도해요!

"예수님, 저는 아직 어리지만 하나님께 크게 쓰임받고 싶어요.
오늘 말씀을 보고 생각했는데요,
믿지 않는 친구들을 올바른 길로 이끌어 주고 싶어요.
오늘부터 그 친구들을 위해서 기도할래요."
예수님의 이름으로 기도합니다. 아멘

【올바른】 말이나 생각, 행동 따위가 이치나 규범에서
벗어남이 없이 옳고 바름

여호와는 너의 의지가 되시고
네 발이 올무에 걸려 넘어지지 않도록 지키실 것이다.

－ 쉬운성경 잠언 3:26

♡ 우리 기도해요!

"하나님 정말 감사해요. 저를 항상 지켜주시고 보호해주시니 말이에요.

세상 어느 누구보다 크신 하나님이 저를 지키시니 정말 기쁘고 든든해요."

예수님의 이름으로 기도합니다. 아멘

【올무】새나 짐승을 잡는 데 사용하는 올가미

서로 한 마음이 되십시오.
교만한 마음을 품지 마십시오.
하찮아 보이는 사람들과도 기꺼이 사귀십시오.
스스로 지혜 있는 척하지 마십시오.

　　　　- 쉬운성경 로마서 12:16

♡ 우리 기도해요!

"하나님, 제 친구 중에 왕따가 있어요.
다른 친구들은 그 친구를 싫어해요.
저도 사실 그 친구와 어울리기가 싫었어요.
하지만 이제는 주님의 뜻에 따라 혼자 외롭게 지내는 친구
○○(이)에게 좋은 친구가 되어줄게요."

예수님의 이름으로 기도합니다. 아멘

[교만] 잘난 체하며 방자하게 뽐내는 것,
　　　　성경에서는 하나님의 뜻을 행하지 않는 것을 말함

June

6월28일

하나님께 구할 때는 믿고 구해야 합니다.
조금도 의심하지 마십시오.
의심하는 자는 바다 물결같이 바람에 밀려
이리저리 움직이는 것과 같습니다.
- 쉬운성경 야고보서 1:6

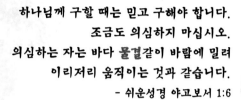

♡ 우리 기도해요!

"맞아요 하나님,
기도할 때는 조금도 의심하지 말고 믿고 기도해야 한대요.
저도 그런 믿음을 가질 수 있게 해주세요."
예수님의 이름으로 기도합니다. 아멘

【물결】 파도처럼 움직이는 어떤 모양이나 현상을
비유적으로 이르는 말

7월 4일

형제 자매를 사랑하듯이 서로 사랑하며 자신보다 남을 더 존경하십시오.

- 쉬운성경 로마서 12:10

♡ 우리 기도해요!

"사랑의 하나님,

주님께서 저를 사랑하신 것처럼 저도 다른 사람을 사랑할게요.

친구들과 학교 선생님 그리고 교회의 어린 동생들,

모두 제가 사랑해야 할 사람들이에요.

그리고 무엇보다 주님을 사랑해요."

예수님의 이름으로 기도합니다. 아멘

【존경】 다른 사람을 높여 공경하는 것

June

6월27일

자기 육체의 육망대로 심는 사람은 육체로부터 썩을 것을 거둘 것이며
성령의 뜻을 따라 심는 사람은 성령으로부터 영원한 생명을 거둘 것입니다.

– 쉬운성경 갈라디아서 6:8

♡ 우리 기도해요!

"성령님께서 제 마음에 항상 계셔서 제가 나쁜 행동을 할 때

'그러면 안 돼, OO야!'라고 말씀해 주셔서 정말 감사해요.

제가 나쁜 길로 가지 않게 해주기 때문 이에요.

항상 성령님의 뜻에 순종하는 제가 될게요."

예수님의 이름으로 기도합니다. 아멘

[육망] 부족함을 느껴 무엇을 가지거나 누리고자 하는 마음

거룩한 형제 여러분, 예수님에 대해서 깊이 생각하십시오.
여러분은 모두 하나님께서 부르신 사람들입니다.
하나님께서 우리에게 보내신 예수님은
우리 믿음의 사도이며 대제사장이 되십니다.

      - 쉬운성경 히브리서 3:1

♡ 우리 기도해요!

"예수님, 예수님도 어린 시절이 있으셨죠?
예수님은 어떻게 자라셨을지 무척 궁금해요.
저도 예수님처럼 살고 싶어요.
어떻게 하면 되죠? 주님이 알려주세요."
예수님의 이름으로 기도합니다. 아멘

【사도】 일정한 사명을 위임받아 파견된 사람
【대제사장】 성막과 제사의 일을 담당하면서
            제사에 관한 모든 것을 지휘했던 제사장들의 대표

여러분 쪽에서 할 수 있는 일이라면 모든 사람과 더불어 화평하게 지내십시오.

- 쉬운성경 로마서 12:18

♡ 우리 기도해요!

"사랑의 주님, 혹시 저와 사이가 좋지 않은 친구나 사람들이 있나요?

있다면 생각나게 해주세요.

제가 먼저 가서 사과하고 그 사람과 친하게 지낼 수 있게 도와 주세요."

예수님의 이름으로 기도합니다. 아멘

[화평] 화목하고 평온함

7월6일

우리 주님은 하시기로 약속하신 것을 뒤로 미루시는 분이 아닙니다.
어떤 사람들은 더디다고 생각할지도 모릅니다.
그러나 이것은 하나님께서 우리를 위해 오래 참으시기 때문입니다.
하나님께서는 한 사람이라도 멸망치 않고
모두 **회개**하고 돌아오기를 바라고 계십니다.

– 쉬운성경 베드로후서 3:9

♡ 우리 기도해요!

"하나님, 하나님을 모르는 사람들이 세상에 너무나 많아요.
그런 사람들도 복음을 듣고 하나님을 믿었으면 좋겠어요.
그런 불쌍한 사람들을 위해서 제가 할 수 있는 일은
기도하는 거겠지요?"

예수님의 이름으로 기도합니다. 아멘

[회개] 하나님께로부터 떠나 있던 사람이 되돌아 오는 것

둘이 함께 누우면 따뜻해진다. 하지만 혼자라면 어떻게 따뜻해질 수 있을까?
- 쉬운성경 전도서 4:11

♡ 우리 기도해요!

"하나님, 오늘은 6.25전쟁이 일어난 날이에요.

북한의 친구들도 같은 하나님의 자녀인데 서로 만날 수 없다니 속상해요.

하루빨리 통일이 되어서 함께 주님을 찬양하게 해주세요."

예수님의 이름으로 기도합니다. 아멘

【혼자】 다른 사람과 어울리거나 함께 있지 않고 홀로 있는 상태

7월7일

여호와께 감사하며, 그분의 이름을 부르십시오.
그분이 행하신 일들을 모든 나라에게 알리십시오.
- 쉬운성경 시편 105:1

♡ 우리 기도해요!

"하나님 아버지, 하나님이 하신 일을
다른 사람에게 알리는 제가 될게요.
저를 구원하시고 사랑해주시는
하나님을 전할게요."
예수님의 이름으로 기도합니다. 아멘

【여호와】 구약에서 하나님을 부르는 대표적인 이름

내 마음에 큰 두려움과 걱정이 있었을 때에
주의 **위로**가 나에게 커다란 기쁨을 주었습니다.

- 쉬운성경 시편 94:19

♡ 우리 기도해요!

"하나님, 밤에 혼자서 화장실 가는 것이 무서울 때가 있어요.

하지만 이 세상을 만드신 하나님이 저와 함께 계시니 이제는 용기를 낼게요."

예수님의 이름으로 기도합니다. 아멘

【위로】 괴로움을 어루만져 잊게 해 주는 것,
또는 수고를 칭찬하여 마음을 즐겁게 해주는 것

사람은 자기 마음에 앞날을 계획하지만 그 걸음을 정하시는 이는 여호와이시다.
- 쉬운성경 잠언 16:9

♡ 우리 기도해요!

"주님, 저는 커서 OO(이)가 되고 싶은데, 제 꿈도 주님이 정하셔야 이뤄진다고 하셨죠.
그럼 커서 다른 일을 하게 되는 건가요? 아님, OO(이)가 될 수 있는 건가요?
주님께 다 맡길게요. 주님이 도와주세요."
예수님의 이름으로 기도합니다. 아멘

【앞날】 앞으로 닥쳐올 날이나 때

6월23일

여러분을 핍박하는 사람들을 **축복**하십시오.
그들을 위해 복을 빌고 저주하지 마십시오.

- 쉬운성경 로마서 12:14

♡ 우리 기도해요!

"주님, 저를 핍박하는 사람을 어떻게 축복하나요?
예수님은 예수님을 십자가에
못박은 사람들을 위해 기도했다죠?
와, 정말 대단하세요. 예수님의 사랑을 본받고 싶어요."
예수님의 이름으로 기도합니다. 아멘

[축복] 하나님이 사람들에게 베풀어 주시는 은혜

7월 9일

마음이 가난한 사람은 복이 있다. 하늘 나라가 그들의 것이다.

- 쉬운성경 마태복음 5:3

♡ 우 리 기 도 해 요 !

"하나님, 마음이 가난하다는 것은 욕심이 없는 거래요.
그런데 저는 욕심이 많은가 봐요.
이것도 갖고 싶고, 저것도 갖고 싶어
항상 부모님께 투정을 부렸어요.
욕심 부리지 않는 아이가 되게 해주세요."
예수님의 이름으로 기도합니다. 아멘

【가난】 살림살이가 넉넉하지 못하고 쪼들림

여호와께 감사하십시오.
그분은 선하시며 그분의 사랑은 **영원**하십니다.
- 쉬운성경 시편 107:1

♡ 우리 기도해요!

"하나님은 정말 착하세요. 사랑도 많으시고요.
죄를 지은 사람도 언제든지 용서해 주시니 말이에요.
저도 주님처럼 사랑이 넘치는 어린이가 될래요."
예수님의 이름으로 기도합니다. 아멘

【영원】 영속적인, 제한이 없이
미래에까지 계속되는 상태

네게 행할 능력이 있거든 도움이 필요한 사람에게 기꺼이 도움을 주어라.
- 쉬운성경 잠언 3:27

♡ 우리 기도해요!

"저는 아직 어려서 큰 일을 할 수는 없지만
작은 일들은 많이 할 수 있어요.
할머니와 할아버지를 위해 안마해 드리기,
또 가난하고 불쌍한 사람을 위해 기도하기,
아파서 학교에 못 나온 친구에게 전화로 위로해주기.
정말 많지요? 작은 것부터 실천할게요."
예수님의 이름으로 기도합니다. 아멘

【도움】 남을 돕는 일

여호와는 좋으시고 올바른 분이시기에 죄인들에게 바른 길을 일러 주십니다.
- 쉬운성경 시편 25:8

♡ 우리 기도해요!

"맞아요 하나님! 하나님은 좋으시고 올바른 분이세요.
저도 원래 죄인이었지만 하나님이 바른길로 인도해 주셨잖아요.
하나님을 찬양해요."
예수님의 이름으로 기도합니다. 아멘

【올바른】말이나 생각, 행동 따위가 이치나 규범에서 벗어남이 없이 옳고 바름

그대 스스로 하나님께 인정받는 선한 사람이 되도록 힘쓰고
하나님을 열심히 섬기십시오.
진리의 말씀을 올바르게 가르쳐서
부끄러움이 없는 일꾼이 되도록 노력하십시오.
- 쉬운성경 디모데후서 2:15

♡ 우리 기도해요!

"하나님 저는 하나님께
인정받는 사람인가요 아닌가요?
제가 어떻게 하면 하나님께 인정받을 수 있을까요?
주님께서 알려주세요."

예수님의 이름으로 기도합니다. 아멘

【진리】 참된 도리나 바른 이치

6월20일

주의 사랑이 항상 나를 감싸고 있기에 내가 변함없이 주의 **진리**를 따라 살아갑니다.
나는 거짓말쟁이들과 자리를 같이하지 않고,
겉으로만 착한 체하는 사람들과 어울리지도 않습니다.

- 쉬운성경 시편 26:3, 4

♡ 우리 기도해요!

"사랑이 많으신 하나님, 나쁜 행동을 하지 않고
올바른 행동만 하는 제가 되게 해주세요.
저는 하나님의 자녀잖아요."

예수님의 이름으로 기도합니다. 아멘

【진리】 참된 도리나 바른 이치, 성경에서는
하나님의 본성이나 뜻, 하나님의
변함 없으심과 영원하신 본질을 가리킴

여러분들이 하나님의 말씀에 순종하는 생활을 한다는 소문은 모든 성도들이
들어 알고 있으며 나도 여러분 때문에 무척 기쁩니다. 다만 바라는 것이 있다면,
여러분이 선한 일에는 지혜롭고 악한 일에는 순결하기를 바랍니다.

- 쉬운성경 로마서 16:19

♡ 우 리 기 도 해 요 !

"하나님, 오늘 주신 주님의 말씀과 같이
하나님이 기뻐하시는 선한 일에는
지혜로운 어린이가 되게 해주시고
악한 일과는 멀어지게 해주세요."
예수님의 이름으로 기도합니다. 아멘

【순결】 더러운 것이 섞이지 않은 깨끗한 상태,
　　　　성경에서는 하나님과 관련된 사물이나
　　　　사람이 순결한 것을 말함

나의 힘이 되신 여호와여! 내가 주님을 사랑합니다.

- 쉬운성경 시편 18:1

♡ 우리 기도해요!

"주님을 사랑합니다.

세상에서 주님을 가장 많이 사랑해요.

아직은 어리지만 주님을 향한 사랑은 정말 크답니다."

예수님의 이름으로 기도합니다. 아멘

【사랑】 다른 사람을 아끼고 위하고 베푸는
        마음이나 행위

세계와 그 안의 모든 것은 여호와의 것이오.
하늘과 가장 높은 하늘까지도 여호와의 것이오.
- 쉬운성경 신명기 10:14

♡ 우리 기도해요!

"하나님, 하늘의 구름과 태양
그리고 달도 모두 주님 것이에요.
그리고 우주의 수많은 별도
다 주님이 만드셨어요.
주님은 정말 대단하세요."

예수님의 이름으로 기도합니다. 아멘

【여호와】 구약에서 하나님을 부르는
대표적인 이름

땅과 그 안에 있는 모든 것이 여호와의 것입니다.
세상과 그 안에 사는 모든 것이 여호와의 것입니다.
- 쉬운성경 시편 24:1

♡ 우리 기도해요!

"이 세상 모든 것의 주인 되시는 하나님,
제가 입고 있는 옷, 공부할 때 쓰는 노트와
작은 연필까지도 모두 주님의 것이에요.
불평하지 않고 감사하며 아껴서 사용할게요."
예수님의 이름으로 기도합니다. 아멘

【세상】 하나님이 지으시고 다스리시는 세계

주는 용서하는 하나님이십니다.
주는 은혜로우시고 **자비**로우시며 쉽게 노하지 않으시고
사랑이 많으신 분이라 그들을 버리지 않으셨습니다.
- 쉬운성경 느헤미야 9:17

♡ 우리 기도해요!

"사랑의 하나님 정말 감사해요.

주일학교에서 배웠는데 주님의 사랑은 끝이 없대요.

제가 잘못한 일들도 회개하면 모두 용서해주시는 분이세요.

주님의 사랑을 찬양해요."

예수님의 이름으로 기도합니다. 아멘

【자비】 무력하고 도움이 필요한 사람을 사랑하고 불쌍히 여기는 마음

7월 13일

평강의 하나님께서 빠른 시일 안에 사탄을
여러분의 발 아래 짓밟히게 하실 것입니다.
우리 주 예수님의 은혜가 여러분과 함께 있기를 바랍니다.

　　　- 쉬운성경 로마서 16:20

♡ 우리 기도해요!

"하나님, 나쁜 사단 마귀는 저를 보며
언제 죄를 짓게 만들까 항상 궁리를 하고 있지만
주님께서 저와 함께하시니 두려움이 없어요.
매 순간마다 주님이 저를 지켜주시니 정말 감사해요."
예수님의 이름으로 기도합니다. 아멘

【평강】샬롬, 즉 평화

나는 나를 사랑하는 자들을 사랑하며 나를 찾는 자들이 나를 **발견**할 것이다.

- 쉬운성경 잠언 8:17

♡ 우리 기도해요!

"사랑의 주님, 제가 주님을 사랑하는 것보다
주님은 저를 더 사랑하신다고 하셨죠?
정말 감사해요. 어린 저를 끔찍히 사랑해 주셔서요.
저도 주님 정말 사랑해요."

예수님의 이름으로 기도합니다. 아멘

【발견】 미처 찾아내지 못했거나 알려지지 않은 것을 찾아냄

의를 위해 주리고 목마른 사람은 복이 있다. 그들이 배부를 것이다.
- 쉬운성경 마태복음 5:6

♡ 우리 기도해요!

"어떻게 하면 올바른 일, 착한 일
그리고 주님이 기뻐하시는 일을 할까?
항상 생각하고 실천하는 어린이가 되고 싶어요.
하지만 쉽지 않은 것을 알아요.
그래도 제가 기도할 수 있는 것은
주님이 힘을 주시기 때문이에요."
예수님의 이름으로 기도합니다. 아멘

【의】 사람으로서 지키고 행하여야 할 바른 도리,
    또한 하나님의 성품

여호와께서 집을 짓지 않으시면 집 짓는 자들의 수고가 헛됩니다.
여호와께서 성을 지키지 않으시면 경비병들의 보초가 헛됩니다.

- 쉬운성경 시편 127:1

♡ 우리 기도해요!

"하나님께서 저와 함께하지 않으시면

제가 밥 먹고 잠자고 공부하는 것들이 의미가 없어요.

주님이 저를 지켜주셔야 해요."

예수님의 이름으로 기도합니다. 아멘

【경비병】 경비 임무를 맡은 병사
【보초】 부대의 경계선이나 각종 출입문에서
경계와 감시의 임무를 맡은 병사

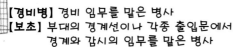

우리는 주의 백성이며 주께서 기르시는 양 떼들입니다.
우리가 **영원**히 주께 감사하겠습니다.
영원히 우리가 주의 영광을 찬양하겠습니다.

- 쉬운성경 시편 79:13

♡ 우리 기도해요!

"주님을 찬양해요.
날마다 저와 함께해 주시는 주님을 찬양해요.
노래와 춤으로 주님을 찬양할게요."
예수님의 이름으로 기도합니다. 아멘

【영광】 하나님을 나타낼 때 빛나는 광채,
하나님의 근본적인 성격 또는
그것의 현현을 말할 때 사용됨

내가 내 아버지의 계명을 지켰고 그의 사랑 안에 있는 것처럼
너희가 내 계명을 지키면 내 사랑 안에 있을 것이다.
- 쉬운성경 요한복음 15:10

♡ 우리 기도해요!

"오늘은 나라의 법인 헌법을 지키기로 약속한 날이에요.
주님의 계명을 잘 지켜야 하듯
주님이 다스리는 대한민국의 법도
잘 지키는 제가 되게 해주세요."
예수님의 이름으로 기도합니다. 아멘

【계명】종교적, 도덕적으로 지켜야 하는 규정

사랑하는 여러분, 고난을 받는 중에 **당황**스러워하거나 놀라지 마십시오.
그것은 여러분의 믿음을 시험하는 것입니다.
그러므로 여러분에게 이상한 일이 일어나고 있다고 생각하지 말고
　　　　- 쉬운성경 베드로전서 4:12

♡ 우리 기도해요!

"하나님, 힘든 일을 겪는 것이 제 믿음을 위한 것이라고요?
그렇다면 저의 믿음이 얼마나 좋은지 보여드릴게요.
아무리 힘든 일이 있어도 저는 끝까지
하나님을 따라갈 거예요."
예수님의 이름으로 기도합니다. 아멘

【당황】놀라거나 다급하여 어찌할 바를 모름

여호와께 감사드려라.
그는 선하시며 그의 사랑은 영원하시다.
- 쉬운성경 역대상 16:34

♡ 우리 기도해요!

"사랑의 하나님,
저를 사랑하시고 엄마와 아빠도 사랑하시는 하나님,
우리 가족을 사랑해주셔서 정말 감사해요.
저도 하나님을 사랑해요."
예수님의 이름으로 기도합니다. 아멘

【사랑】다른 사람을 아끼고 위하고 베푸는 마음이나 행위

오 내 영혼아, 어찌하여 슬퍼하는가? 왜 그렇게 속상해하는가?
하나님께 희망을 가져야 할 것이다.
나를 구원하신 분이시며 나의 하나님이신 그분을
마땅히 찬양해야 할 것이 아닌가?
- 쉬운성경 시편 42:5

♡ 우리 기도해요!

"하나님, 어려운 일이 있어도 슬퍼하지 않고
하나님을 찬양하는 것은 정말 힘든 일 같아요.
하지만 하나님을 찬양할게요."
예수님의 이름으로 기도합니다. 아멘

[마땅히] 그렇게 하거나 되는 것이 이치로 보아 옳음

하나님의 뜻을 따르지 않아 영적으로 죽은 우리들에게,
그리스도를 통하여 새 생명을 주신 것입니다.
여러분은 하나님의 은혜로 구원을 받았습니다.
- 쉬운성경 에베소서 2:5

♡ 우리 기도해요!

"저는 구원을 받아 천국에 갈 수 있어요.
이 모든 것은 하나님의 선물이에요.
저는 아무 것도 한 것이 없거든요."
예수님의 이름으로 기도합니다. 아멘

【은혜】 공로 없는 자들을 위해 하나님께서 베풀어 주는
조건 없는 사랑

내가 너희를 사랑한 것같이 너희도 서로 사랑하라.
이것이 바로 내 계명이다.

- 쉬운성경 요한복음 15:12

♡ 우리 기도해요!

"예수님 정말 감사해요.
저를 사랑하셔서 대신 죽으셨잖아요.
저도 다른 사람을 사랑할 수 있을까요?
예수님의 사랑을 본받고 싶어요."
예수님의 이름으로 기도합니다. 아멘

【계명】 종교적, 도덕적으로 지켜야 하는 규정

7월 21일

여호와는 마음이 상한 사람 곁에 계시고, 낙심한 사람들을 붙들어 주십니다.

- 쉬운성경 시편 34:18

♡ 우리 기도해요!

"하나님, 세상에는 힘들고
어렵게 사는 사람들이 너무나 많아요.
그런 사람들이 하나님을 알게 해주세요.
그들의 마음을 위로해주세요."
예수님의 이름으로 기도합니다. 아멘

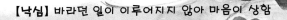

【낙심】 바라던 일이 이루어지지 않아 마음이 상함

6월 10일

주님은 정직한 사람들의 삶을 지켜 보십니다.
그들이 받은 유산들은 대대로 **번창**할 것입니다.
그들은 재난이 닥쳐와도 어려움을 당하지 않을 것이며,
굶주림의 때에도 풍성히 먹을 것입니다.

- 쉬운성경 시편 37:18, 19

♡ 우리 기도해요!

"정직한 사람을 주님이 좋아하시나 봐요.
저도 그럼 정직한 사람이 될래요.
거짓말을 하지 않고
약속을 잘 지키는 사람이 될래요."
예수님의 이름으로 기도합니다. 아멘

【번창】 일이 한창 잘 되어 발전함

7월 22일

주는 선하시고 죄를 용서해 주시는 분입니다.
주를 찾는 모든 이들에게 크신 사랑을 베푸시는 분입니다.

- 쉬운성경 시편 86:5

♡ 우리 기도해요!

"하나님, 하나님이 저와 함께하시듯
하나님을 모르는 친구들이 하나님을 찾을 때
함께해 주실 것을 믿어요.
하나님은 모든 사람을
사랑하시기 때문이에요."
예수님의 이름으로 기도합니다. 아멘

【용서】 지은 죄나 잘못한 일에 대하여
꾸짖거나 벌하지 않고 덮어 줌

여호와께서는 비뚤어진 사람을 가증히 여기시고, 정직한 사람을 신뢰하신다.

- 쉬운성경 잠언 3:32

♡ 우 리 기 도 해 요 !

"하나님 아버지, 정직한 사람이란 자신을 속이지 않는 사람이겠죠?
주님께서 정직한 사람을 좋아하시니 저도 정직한 사람이 되고 싶어요."

예수님의 이름으로 기도합니다. 아멘

【가증】 보기에 괘씸하고 얄밉다

자기 입과 혀를 지키는 사람은 재난에서 자신을 지킨다.
- 쉬운성경 잠언 21:23

♡ 우리 기도해요!

"예쁜 말, 바르고 고운 말만 하는 제가 되게 해주세요.
친구를 욕하고 헐뜯는 나쁜 말은 하지 않을래요.
주님이 제 입을 지켜주세요."
예수님의 이름으로 기도합니다. 아멘

【재난】 뜻밖에 일어난 재앙과 고난

사람이 선한 일을 행할 줄 알면서도 행치 않는다면 그것이 바로 죄입니다.
- 쉬운성경 야고보서 4:17

♡ 우리 기도해요!

"하나님, 착한 일을 해야 할 때 할까 말까 고민하다가 지나친 적이 있어요.
다음부터는 용기를 내서 착한 일을 할래요."

예수님의 이름으로 기도합니다. 아멘

【행치】 몸으로 실천하지~

7월25일

소망을 가지고 기뻐하십시오.
환난 속에서도 잘 참으십시오.
꾸준히 기도하십시오.
- 쉬운성경 로마서 12:12

 ♡ 우리 기도해요!

"하나님, 항상 기뻐하는 것은 정말 쉽지 않은 일 같아요.
어려운 일을 당해도 주님이 함께하시니 뭐든지 긍정적으로 생각해야 하잖아요.
주님이 언제나 저를 도와 주세요. 항상 기뻐할 수 있게요."
예수님의 이름으로 기도합니다. 아멘

【환난】 근심과 재난

June 6월6일

나는 여호와 너희 하나님이다.
나는 너희에게 유익한 일을 가르치며
마땅히 가야 할 길로 너희를 이끈다.
너희가 내 명령에 복종했으면, 평화가 강같이
흘렀을 것이며 좋은 일이 파도처럼 몰려왔을 것이다.
- 쉬운성경 이사야 48:17,18

♡ 우리 기도해요!

"오늘은 대한민국을 위해 목숨을 바친 순국선열들을 생각하는 날이에요.
그분들이 없었다면 지금의 우리나라는 없었겠죠?
이제 한국에는 예수님을 아는 사람도 많고 교회도 많으니
다시는 전쟁이 일어나지 않게 해주세요."
예수님의 이름으로 기도합니다. 아멘

【복종】 남의 명령이나 의사를 그대로 따라서 좇음

7월26일

그리스도께 받은 평화로 여러분 마음을 다스리십시오.
여러분은 평화를 위해 부름을 받아 한 몸이 된 것입니다.
항상 감사하는 생활을 하십시오.
　　- 쉬운성경 골로새서 3:15

♡ 우 리 기 도 해 요 !

"주님, 친구 중에 따돌림을 당하는 친구가 있어요.
그 친구도 주님의 자녀인데 정말 불쌍하고 안타까워요.
다른 친구들과 사이좋게 지내게 해주세요.
그리고 제가 먼저 친구가 되어줄게요."
예수님의 이름으로 기도합니다. 아멘

【평화】 평온하고 화목함

책망을 듣는 자는 생명길로 가지만
책망을 무시하는 자는 길을 잃고 방황한다.
- 쉬운성경 잠언 10:17

♡ 우리 기도해요!

"주님, 엄마와 아빠가 저에게 꾸중을 하면
잘못한 걸 아는데도 속상할 때가 있어요.
하지만 저를 위해서 꾸중하시는 것이니
엄마 아빠의 말을 잘 따를게요.
주님이 함께해주세요."
예수님의 이름으로 기도합니다. 아멘

【책망】 잘못을 꾸짖거나 나무라며 못마땅하게 여김

7월 27일

또 '보아라. 하나님 나라가 여기 있다.
저기 있다'라고 말할 수도 없다.
왜냐하면 하나님 나라가 너희 가운데 있기 때문이다.
- 쉬운성경 누가복음 17:21

♡ 우리 기도해요!

"주님, 제가 어딜 가든지 주님이 함께하시니
제가 있는 이곳이 바로 하나님 나라예요.
나를 사랑하시는 주님이 함께하시니
전 어딜 가든지 기쁘고 행복해요.
저 같은 어린이와 함께하시니 정말 감사해요."
예수님의 이름으로 기도합니다. 아멘

【나라】 일정한 땅과 거주하는 사람들, 주권으로 이루어진 구성체

이제는 나만이, 오직 나만이 하나님임을 알아라. 나 말고 다른 신은 없다.
내가 생명과 죽음을 주었고 나만이 해칠 수도 있고 고칠 수도 있다.
아무도 나를 피하지 못할 것이다.
　　　- 쉬운성경 신명기 32:39

♡ 우리 기도해요!

"하나님, 이스라엘 사람들은
하나님 말고 다른 신을 섬기기도 했대요.
하지만 저는 영원히 하나님만 섬길래요."
예수님의 이름으로 기도합니다. 아멘

【생명】 목숨 혹은 생물이 살아가는 원동력

거정하지 말고 필요한 것을 하나님께 구하고 **아뢰십시오.**
감사하는 마음으로 하나님께 말씀드리십시오.
- 쉬운성경 빌립보서 4:6

♡ 우리 기도해요!

"하나님, 저도 필요한 것이 있어요.
기도하면 하나님이 다 이루어 주시니 기도할게요.
하지만 하나님이 생각해보시고
저한테 필요하지 않으면 주지 마세요."
예수님의 이름으로 기도합니다. 아멘

【아뢰】 말씀드려 알리다

쉬지 말고 기도하십시오.
- 쉬운성경 데살로니가전서 5:17

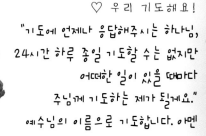

♡ 우리 기도해요!

"기도에 언제나 응답해주시는 하나님,
24시간 하루 종일 기도할 수는 없지만
어떠한 일이 있을 때마다
주님께 기도하는 제가 될게요."
예수님의 이름으로 기도합니다. 아멘

[기도] 하나님과 성도간의 교제, 대화를 말함

아! 주 여호와여, 보십시오.
주께서 주님의 크신 **능력**과 펴신 팔로 하늘과 땅을 만드셨으니
주께서는 무엇이든지 못하시는 일이 없습니다.

　　　　- 쉬운성경 예레미야 32:17

♡ 우리 기도해요!

"맞아요 하나님! 하나님께서는 이 세상을 다 만드신 분이세요.

못하는 것이 없는 분이세요. 주님을 찬양해요."

예수님의 이름으로 기도합니다. 아멘

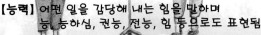

【능력】 어떤 일을 감당해 내는 힘을 말하며
　　　　능, 능하심, 권능, 전능, 힘 등으로도 표현됨

어느 집이든 그 집의 **주인**이 있듯이 모든 것의 주인은 하나님이십니다.
- 쉬운성경 히브리서 3:4

♡ 우리 기도해요!

"하나님, 제가 가진 책과 학용품, 이 모든 것이 하나님의 것이죠?
연필과 공책, 지우개를 아껴서 사용해야 하는데
마구 낭비해서 죄송해요.
가난한 나라에는 이것마저 없는 친구들이 많은데 말이에요."
예수님의 이름으로 기도합니다. 아멘

【주인】집안이나 단체 따위를 책임감을 가지고
        이끌어 가는 사람, 성경에서는 특별히 하나님
        또는 예수 그리스도를 지칭함

그 때 사람들이 귀신이 들려서 보지 못하고
말하지 못하는 사람을 예수님께 데리고 왔습니다.
예수님께서 이 사람을 고쳐 주시자 그 사람이 말도 하고 볼 수 있게 되었습니다.
- 쉬운성경 마태복음 12:22

♡ 우리 기도해요!

"TV를 보면 장애우들이 참 많은 것 같아요.
그들이 믿음을 가지고 예수님께 고쳐 달라고 하면
다 나을 수 있겠죠?
우리나라에 있는 많은 장애우들이
사랑의 주님을 믿게 해주세요."
예수님의 이름으로 기도합니다. 아멘

[들려서] 귀신이나 넋 따위가 덮침

6월1일

여호와는 선하시며 그분의 사랑은 영원합니다.
그분의 성실하심은 대대로 이어질 것입니다.
- 쉬운성경 시편 100:5

♡ 우리 기도해요!

"저도 다른 사람을 사랑하지만 어쩔 땐 미워질 때도 있어요.
그치만 하나님은 그렇지 않으세요.
하나님의 사랑은 영원하기 때문이에요."
예수님의 이름으로 기도합니다. 아멘

【대대로】 여러 대를 이어서 계속하여

7월31일

시험을 받을 때에 "하나님이 나를 시험하고 있어"라고 말하지 마십시오.
하나님은 악에게 시험을 받지도 않으시며 사람을 시험하지도 않으십니다.
사람이 시험을 받는 것은 자신의 악한 욕심에 이끌려 유혹을 받기 때문입니다.
- 쉬운성경 야고보서 1:13,14

♡ 우리 기도해요!

"하나님, 힘든 일을 당해서 어려워하는 것은
다 저의 욕심 때문이래요.
제게 욕심이 없다면 힘든 일을 당해도
어려워하지 않을 수 있어요.
욕심 많은 저를 용서해 주세요."
예수님의 이름으로 기도합니다. 아멘

【유혹】 남의 마음을 꾀어 나쁜 길로 인도하는 것

5월31일

내 양은 나의 음성을 듣고 나도 내 양을 안다. 내 양은 나를 따른다.
- 쉬운성경 요한복음 10:27

♡ 우 리 기 도 해 요 !

"예수님은 양을 기르는 목자이시고
나는 예수님의 양이에요.
양이 목자를 따르듯이
저도 예수님을 따르는 어린이가 될게요."
예수님의 이름으로 기도합니다. 아멘

【음성】사람의 목소리나 말소리

8월1일

> "우리의 모든 죄에 대해 아들의 피로 대신 값을 치르시고
> 우리를 용서해 주신 것입니다.
>
> — 쉬운성경 골로새서 1:14

♡ 우리 기도해요!

"주님, 제가 얼마나 소중한 존재이길래 저를 대신하여 돌아가셨나요?
이렇게 말썽꾸러기인 저를 왜 그렇게 사랑해 주시나요?"
예수님의 이름으로 기도합니다. 아멘

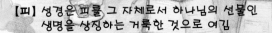

【피】성경은 피를 그 자체로서 하나님의 선물인
생명을 상징하는 거룩한 것으로 여김

May

5월 30일

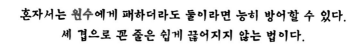

혼자서는 **원수**에게 패하더라도 둘이라면 능히 방어할 수 있다.
세 겹으로 꼰 줄은 쉽게 끊어지지 않는 법이다.
- 쉬운성경 전도서 4:12

 ♡ 우리 기도해요!

"저의 친구가 되어주시는 하나님, 정말 감사해요.
많은 친구들이 있지만 그중에서 하나님과 가장 친한 친구가 되고 싶어요.
주님께서도 그렇게 해주실 거죠?"
예수님의 이름으로 기도합니다. 아멘

【원수】 반대자, 적대자, 적의를 가진 세력과 국가
　　　 또는 군대를 가리킴

주께 노래하고 그분께 찬양을 드리십시오.
그가 행하신 놀라운 일들을 전하십시오.
- 쉬운성경 시편 105:2

♡ 우리 기도해요!

"하나님을 찬양해요.
하나님은 온 세계를 만드신 분이세요.
그리고 저를 만드신 분이에요. 하나님을 찬양해요."
예수님의 이름으로 기도합니다. 아멘

[행하신] 어떤 일을 실제로 해 나가다

너희는 세상의 소금이다.
만일 소금이 그 맛을 잃으면 무엇으로 짠 맛을 내겠느냐?
맛을 잃은 소금은 아무 쓸모가 없게 되어 밖에 버려져 사람들에게 밟힐 뿐이다.

- 쉬운성경 마태복음 5:13

♡ 우리 기도해요!

"하나님, 음식 만들 때 소금이 그렇게나 중요하다면서요?
그런데 제가 세상의 소금이라뇨?
저는 아직 어린데, 제가 어떻게 하면 되죠?
알려주세요."
예수님의 이름으로 기도합니다. 아멘

【소금】 성경에서는 언약, 성별, 정결을
　　　　상징함

8월 3일

게으른 사람은 자기가 잡은 사냥감도 요리하기 싫어하지만
부지런한 사람은 **보화**를 캔다.

- 쉬운성경 잠언 12:27

♡ 우 리 기 도 해 요!

"주님, 요즘 방학이라 제가 많이 게을러진 것 같아요.
밤 늦게까지 TV 보고 늦게 일어난 적도 있어요.
일찍 자고 일찍 일어나는
부지런하게 생활하는 제가 될게요.
주님이 도와 주세요."
예수님의 이름으로 기도합니다. 아멘

[보화] 보물

우리가 산다면 그것은 주님을 위해 사는 것이고 죽는다면 주님을 위해 죽는 것입니다. 그러므로 살든지 죽든지 우리는 주님의 것입니다.

－쉬운성경 로마서 14:8

♡ 우리 기도해요!

"주님, 제가 주님의 것이라고 하셨죠? 저를 주님의 자녀 삼아 주셔서 감사해요. 주님을 위해 사는 것이니 시간을 아껴서 무엇이든지 열심히 할게요." 예수님의 이름으로 기도합니다. 아멘

【주님】주(主)를 높여 이르는 말

8월 7일

성령 안에서 늘 기도하고 필요한 모든 것을 위해 간구하십시오.
언제나 준비된 마음으로 좌절하지 말고
다른 그리스도인들을 위해서도 기도하십시오.

\- 쉬운성경 에베소서 6:18

♡ 우리 기도해요!

"하나님, 오늘은 예수님을 믿는
다른 친구들을 위해서 기도할게요.
주일학교에 다니는 친구들 모두
하나님을 잘 따르게 해주세요."
예수님의 이름으로 기도합니다. 아멘

【좌절】 어떠한 계획이나 일 따위가 도중에
실패로 돌아감

착한 사람들이 가는 길은 여호와께서 보살펴 주시지만,
악한 사람들이 가는 길은 결국 망할 것입니다.
- 쉬운성경 시편 1:6

♡ 우리 기도해요!

"하나님, 저는 악한 사람인가요? 아니면 착한 사람인가요?
하나님을 따르면 착한 사람이 될 수 있죠?
그럼 저는 하나님 말씀을 따르는 착한 어린이가 되고 싶어요."

예수님의 이름으로 기도합니다. 아멘

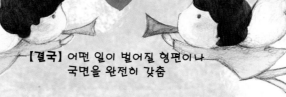

【결국】어떤 일이 벌어질 형편이나
국면을 완전히 갖춤

일어나셔서 우리를 도우십시오.
주의 **변함없는** 사랑으로 우리를 구원해 주십시오.

　　　– 쉬운성경 시편 44:26

♡ 우 리 기 도 해 요 !

"하나님, 친구들과 싸울 때, 엄마 아빠에게 혼났을 때
제가 잘못한 건 알지만
마음이 아플 때가 있어요.
그때마다 하나님의 사랑으로
저를 돌봐주세요."
예수님의 이름으로 기도합니다. 아멘

[변함없는] 달라지지 않고 항상 같음

5월23일

몸은 죽일 수 있으나 영혼은 죽일 수 없는 사람들을 두려워 마라.
영혼과 몸을 모두 지옥에 던져 멸망시킬 수 있는 분을 두려워하여라.
- 쉬운성경 마태복음 10:28

♡ 우리 기도해요!

"세상에는 정말 무서운 사람들이 많아요.
강도와 도둑 그리고 깡패들이 정말 많아요.
하지만 이들 보다 하나님은 더 크신 분이시니
저는 안심하고 살아갈 수 있어요. 하나님 정말 최고예요!"
예수님의 이름으로 기도합니다. 아멘

【지옥】 구원받지 못한 사람이 심판 후 영원히 형벌 받기 위해 가는 곳

8월 9일

여러분은 하나님의 자녀입니다.
그래서 하나님께서 그 아들의 영을 여러분 마음에 보내 주셔서
여러분이 하나님을 '아버지, 사랑하는 아버지'라 부를 수 있게 하셨습니다.
　　　　- 쉬운성경 갈라디아서 4:6

♡ 우리 기도해요!

"하나님! 제가 주님의 자녀라는 사실이 정말 기뻐요.
하나님은 모든 세계를 창조하신 분이시고
불가능이 없으신 분이잖아요.
이제 아무것도 두렵지 않아요. 정말 감사해요."
예수님의 이름으로 기도합니다. 아멘

【아버지】 성경에는 육신의 아버지 외에도
　　　　　제사장이나, 왕, 주인, 선지자 등이 아버지로 불렸다

여호와께서 여러분의 발이 미끄러지지 않게 하실 것입니다.
여러분을 지켜 주시는 그분은 졸지 않으십니다.
- 쉬운성경 시편 121:3

♡ 우리 기도해요!

"하나님은 졸지 않으신다고요? 그럼 주무시지도 않으세요?
전 밤이 되면 졸려서 자야 하는데 그럼 하나님은 그때도 안 주무세요? 정말 대단하세요."
예수님의 이름으로 기도합니다. 아멘

【졸지】 잠이 들지~

8월 10일

지혜는 그것을 붙잡는 자에게
생명나무가 되어 주며,
그것을 잡는 자에게 복을 준다.
- 쉬운성경 잠언 3:18

♡ 우리 기도해요!

"하나님 아버지, 저는 정말 공부를 잘하고 싶어요.
지혜가 필요해요. 하나님 제게도 지혜를 주세요.
솔로몬 왕에게 주셨던 그 지혜를요."
예수님의 이름으로 기도합니다. 아멘

【생명나무】 에덴동산에 있었던 나무, 이 나무의 열매를 먹으면 영생할 수 있었다

예수 그리스도는 깨끗하신 분이십니다.
적어도 그리스도 안에서 이러한 소망을 가지고 있는 사람이라면
그리스도와 같이 자기 자신을 깨끗하게 지켜야 할 것입니다.

- 쉬운성경 요한1서 1:3

♡ 우리 기도해요!

"하나님, 저도 예수님처럼 깨끗한 사람이 되고 싶어요.

마음도 깨끗하고 행동도 깨끗한 사람이 되고 싶어요.

주님이 도와 주세요."

예수님의 이름으로 기도합니다. 아멘

【적어도】 아무리 적게 잡아도

8월 11일

마지막 날에 많은 고난이 있다는 것을 기억하십시오.
그 때에는 사람들이 자기 자신과 돈만 사랑하며 뽐내고 교만하며
다른 사람들을 헐뜯고 부모에게 순종하지 않을 것입니다.
또한 감사하지 않고 하나님께서 원하시는 사람이 되려고도 하지 않을 것입니다.
　　　　　　　- 쉬운성경 디모데후서 3:1, 2

♡ 우리 기도해요!

"주님, 주님이 오시는 마지막 때에는 정말 살기 힘들어질 것 같아요.
상대방을 사랑하지 않고 자신만 알기 때문이에요.
하지만 저는 끝까지 하나님과 이웃을 사랑할 거예요.
그것이 하나님이 기뻐하시는 일이기 때문이지요."
예수님의 이름으로 기도합니다. 아멘

【고난】 괴로움과 어려움 혹은 정신적이거나 육체적인 고통

아버지께서 우리를 얼마나 사랑하고 계신지 생각해 보십시오.
하나님께서는 우리를 너무나 사랑하셔서 우리를 그분의 자녀라고
불러 주셨습니다. 이제 우리는 정말로 그분의 자녀입니다.
그러나 세상 사람들은 우리를 이해하지 못합니다.
왜냐하면 그들은 하나님을 모르기 때문입니다.

- 쉬운성경 요한일서 3:1

♡ 우리 기도해요!

"예수님을 믿지 않는 친구들에게 예수님이 정말 좋은 분이라고
이야기하면 저를 이해하지 못하는 친구들이 있어요.
그 친구들이 빨리 하나님을 믿었으면 좋겠어요."
예수님의 이름으로 기도합니다. 아멘

【자녀】 아들과 딸을 말하며 자식, 자손과 같은 말.
      성경에서는 자녀를 하나님의 선물, 하나님의 기업이라고 함

그런즉 다른 사람에 대해 심판하지 맙시다.
우리가 더욱 힘쓸 것은 형제의 길에 그를 넘어지게 하는 것이나
장애물을 놓지 않겠다고 결심하는 일입니다.

– 쉬운성경 로마서 14:3

♡ 우리 기도해요!

"하나님, 제가 아는 친구 중에 못된 친구가 한 명 있는데요,
그 친구의 잘못된 행동에 대해 제가 아무 말도 안하게 해주세요.
그 친구를 위해서 이 시간 기도합니다."
예수님의 이름으로 기도합니다. 아멘

【심판】 옳고 그름에 대한 판결을 내리는 것

5월 19일

아무에게도 악을 악으로 **갚지** 마십시오.
모든 사람이 보기에 선한 일을 하십시오.

- 쉬운성경 로마서 12:17

 ♡ 우리 기도해요!

"주님, 친구들과 장난을 하다가
실수로 친구가 저를 때린 적이 있어요.
친구는 미안하다고 했지만 저는 알면서도
그 친구에게 화를 냈어요. 제가 그때 왜 그랬을까요?
그 친구는 저한테 잘못한 일이 없는데도 말이에요."
예수님의 이름으로 기도합니다. 아멘

【갚지】 받은 것을 도로 돌려주지~

8월 13일

내가 너희에게 **진리**를 말한다.
누구든지 내 말을 듣고 나를 보내신 분을 믿는 사람은
영원한 생명을 얻었고 심판을 받지 않을 것이며
사망에서 생명으로 옮겨졌다.

- 쉬운성경 요한복음 5:24

♡ 우리 기도해요!

"이 세상 그 어느 누구도 주님의 말을 듣고 믿으면
영원히 살 수 있는 천국에 갈 수가 있어요.
그런데 왜 사람들은 하나님을 믿지 않는 걸까요?"

예수님의 이름으로 기도합니다. 아멘

【진리】 하나님의 본성이나 뜻, 하나님의 변함 없으심과
영원하신 본질

5월18일

여호와의 선하심과 사랑하심이 내가 죽는 날까지
나와 함께하실 것이 틀림없습니다.
이제 나는 여호와의 집에서 **영원**히 살 것입니다.
- 쉬운성경 시편 23:6

♡ 우리 기도해요!

"하나님의 사랑은 끝이 없어요.

영원히 저와 함께해 주실 것을 믿어요.

정말 감사해요."

예수님의 이름으로 기도합니다. 아멘

【영원】영속적인, 제한이 없이 미래에까지
계속되는 상태

사람의 가는 길을 여호와께서 **인도**하시니 사람이 어찌 자기 앞길을 알랴!

- 쉬운성경 잠언 20:24

♡ 우리 기도해요!

"저는 내일 어떤 일이 일어날지 아무것도 몰라요.
아니 한 시간 뒤에 어떤일이 일어날지도 몰라요.
하지만 주님은 모든 것을 알고 계시죠?
그런 주님이 저를 인도해주시니 안심이 돼요.
주님 사랑해요."

예수님의 이름으로 기도합니다. 아멘

【인도】이끌어 지도함

5월17일

화가 나더라도 죄를 짓지 말며 해가 지기 전에는 화를 풀기 바랍니다.
그렇지 않으면 사탄이 여러분을 공격할 수 있도록 놔 두는 것이 됩니다.
　　　　- 쉬운성경 에베소서 4:26, 27

♡ 우리 기도해요!

"하나님, OO 하고 사이좋게 지내야 하는 걸 아는데
그게 참 어려워요.
하루가 지나기 전에 화를 풀라고 하셨죠?
제가 먼저 OO에게 잘못했다고 말할게요."
예수님의 이름으로 기도합니다. 아멘

【사탄】 악마의 우두머리

8월 15일

강한 손과 펴신 팔로 이스라엘을 이끄신 그분께 감사하십시오.
그분의 사랑은 **영원**합니다.

- 쉬운성경 시편 136:12

♡ 우리 기도해요!

"이스라엘 사람들을 구원하셨듯이
우리나라가 일본 때문에 힘들어할 때
하나님이 구원해주셨어요.
오늘은 광복절이에요. 주님 정말 감사드려요."
예수님의 이름으로 기도합니다. 아멘

【영원】 영속적인, 제한이 없이 미래에까지 계속되는 상태

5월16일

너희를 저주하는 사람들을 축복하고, 너희를 모욕하는 사람을 위해 기도하여라.
- 쉬운성경 누가복음 6:28

♡ 우 리 기 도 해 요 !

"마음에 들지 않는 친구가 있을 때 미워하고 나쁜 말도 많이 했는데
오히려 축복하고 기도해야 한다고요? 그게 주님의 사랑인가요?
아직 저는 많이 부족한 것 같아요.
그 사랑을 알 수 있도록 도와 주세요."
예수님의 이름으로 기도합니다. 아멘

【모욕】 깔보고 욕되게 함

주의 모든 성도들이여, 여호와를 사랑하십시오.
여호와께서는 신실한 사람들을 보호하십니다.
그러나 거만한 사람들은 반드시 벌하실 것입니다.
- 쉬운성경 시편 31:23

♡ 우리 기도해요!

"사랑의 하나님, 하나님은 제가 하나님을 알기 전부터 저를 사랑하신 분이세요.
저도 주님을 사랑해요."

예수님의 이름으로 기도합니다. 아멘

【거만】잘난 체하며 남을 업신여김

여러분은 이 **언약**의 말씀을 부지런히 지키시오.
그러면 여러분이 하는 모든 일에 성공할 것이오.
                    - 쉬운성경 신명기 29:9

♡ 우리 기도해요!

"오늘은 스승의 날이에요.
훌륭한 선생님을 제게 주셔서 정말 감사해요.
주님의 말씀에 순종하듯이
선생님의 말에도 순종하는 어린이가 될게요."
예수님의 이름으로 기도합니다. 아멘

【언약】 말씀으로 약속함, 서로를 위해 어떤 일을
          하기로 합의하여 이루어진 협약

August

8월17일

게으름뱅이는 손으로 일할 생각은 안하고 꿈만 꾸다 죽고 만다.

- 쉬운성경 잠언 21:25

♡ 우리 기도해요!

"저는 게으름뱅이가 되기 싫어요.

부지런해서 하나님을 위해 사는 사람이 되고 싶어요.

게으름뱅이는 노력도 안하고 욕심만 많은 것 같아서 싫어요.

부지런한 사람이 되게 주님이 도와주세요."

예수님의 이름으로 기도합니다. 아멘

【게으름뱅이】습성이나 태도가 게으른 사람

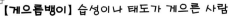

나의 하나님이여, 우리를 눈으로 살펴 주시고
이 곳에서 드리는 기도를 들어 주십시오.

- 쉬운성경 역대하 6:40

♡ 우리 기도해요!

"하나님, 제 기도를 들어 주세요.
힘들 때, 기쁠 때, 슬플 때, 언제든지 기도에 응답해주세요."
예수님의 이름으로 기도합니다. 아멘

【기도】 하나님과 성도간의 교제, 대화를 말함

예수님께서 그에게 대답하셨습니다.
"네 모든 마음과 모든 목숨과 모든 정성을 다해서 네 하나님을 사랑하여라."
- 쉬운성경 마태복음 22:37

♡ 우리 기도해요!

"하나님, 제가 주님을 사랑하는 것을 아시죠?
제가 가진 장난감보다 주님을 더 사랑해요.
그리고 재미있는 게임기와 멋진 자전거보다도
주님을 더 사랑해요."
예수님의 이름으로 기도합니다. 아멘

【정성】 온갖 힘을 다하려는 참되고 성실한 마음

적은 재물을 가지고 의롭게 사는 것이
많은 재물을 가지고 악하게 사는 것보다 낫습니다.
　　　　- 쉬운성경 시편 37:16

♡ 우리 기도해요!

"돈이 많으면 사고 싶은 것, 먹고 싶은 것을
다 살 수 있어 좋을 줄 알았는데
TV를 보면 부자인데도 불행해지는 사람들이 많아요.
저는 돈보다 하나님을 더 사랑하는 아이가 될 거예요."
예수님의 이름으로 기도합니다. 아멘

【재물】돈이나 그 밖의 값나가는 모든 물건

8월19일

자기 죄를 숨기는 자는 형통하지 못할 것이나
죄를 자백하고 버리는 자는 긍휼을 얻을 것이다.
- 쉬운성경 잠언 28:13

♡ 우리 가도해요!

"하나님, 하나님께서는 모든 것을 알고 계시죠?
제가 어떤 행동을 하든지 다 알고 계시죠?
하나님께는 그 어떤 작은 죄라도 숨길 수 없다는 것을 알아요. 그래서 결심했어요.
매일마다 지은 죄를 놓고 회개할게요. 주님이 용서해주세요."
예수님의 이름으로 기도합니다. 아멘

【긍휼】불쌍히 여겨 돌보아 줌

May

5월12일

사람의 마음을 꿰뚫어 보시는 하나님께서는 성령의 생각이 무엇인지를 아십니다.
그것은 성령께서 하나님의 뜻에 따라 성도들을 위해
중보 기도를 하시기 때문입니다.
- 쉬운성경 로마서 8:27

♡ 우리 기도해요!

"하나님, 성령님을 제 마음 속에 보내주셔서 정말 감사해요.
친구와 다툴 때 용서할 수 없는 친구지만 용서하는 마음을 주시는 분이세요.
음.. 그리고 찻길을 건널 때도 횡단보도로 건너라고 말씀하세요.
이렇게 제가 바른 길로 갈 수 있도록
항상 도와 주시니 정말 감사해요."
예수님의 이름으로 기도합니다. 아멘

【성도】 개신교에서 신자를 높여 부르는 말

August **8월20일**

하나님께서는 영이시기 때문에 하나님께 예배하는 사람들은
반드시 영과 진리로 예배해야만 하오.

- 쉬운성경 요한복음 4:24

♡ 우리 기도해요!

"하나님, 제가 예배드릴 때에 기쁘게 받아주세요.
그리고 저는 아직 어려서 말씀을 잘 이해할 수가 없어요.
주님이 지혜를 주셔서 어른들처럼 잘 깨달을 수 있도록 도와주세요."
예수님의 이름으로 기도합니다. 아멘

【영】인간의 생명 속의 한 부분으로 능력을 주는 면,
그리고 이 세상에 하나님의 임재와 능력을
도래케 하는 성령

악인의 제사는 여호와께서 미워하시지만, 정직한 자의 기도는 기뻐하신다.
- 쉬운성경 잠언 15:8

♡ 우리 기도해요!

"하나님, 아무리 예배를 많이 드려도
진실한 예배가 아니면 아무 소용이 없어요.
예배를 드릴 때 정직한 마음으로
예배하게 해주세요."
예수님의 이름으로 기도합니다. 아멘

【악인】 악한 사람

여러분은 하나님께서 값을 치르고 산 몸입니다.
그러므로 여러분의 몸으로 하나님께 영광을 돌리십시오.
- 쉬운성경 고린도전서 6:20

♡ 우리 기도해요!

"예수님께서 저를 너무 사랑하셔서
나를 위해 십자가에 못 박혀 죽으신 것을 주일학교에서 배웠어요.
주님이 저를 대신해 돌아가셨으니 주님을 위해 살아가는 제가 될게요."
예수님의 이름으로 기도합니다. 아멘

【값】 노력이나 희생에 따른 보답

날마다 우리의 무거운 짐들을 지시는
우리의 **구원자** 하나님께 찬양을 드리십시오.
- 쉬운성경 시편 68:19

♡ 우리 기도해요!

"하나님은 저 대신 무거운 짐을 지시는 분이세요.
하나님은 정말 좋으신 분이에요. 하나님을 찬양해요."
예수님의 이름으로 기도합니다. 아멘

【구원자】 죄와 고통으로부터 건져내는 사람

아버지께서 우리를 얼마나 사랑하고 계신지 생각해 보십시오. 하나님께서는
우리를 너무나 사랑하셔서 우리를 그분의 자녀라고 불러 주셨습니다.
이제 우리는 정말로 그분의 자녀입니다.
그러나 세상 사람들은 우리를 이해하지 못합니다.
왜냐하면 그들은 하나님을 모르기 때문입니다.

- 쉬운성경 요한1서 3:1

♡ 우리 기도해요!

"하나님, 저를 자녀라고 불러 주셔서 정말 감사해요.
세상을 만드신 분이 저와 함께하시니 저는 정말 기쁘답니다."
예수님의 이름으로 기도합니다. 아멘

【자녀】 아들과 딸을 말하며 자식, 자손과 같은 말.
성경에서는 자녀를 하나님의 선물, 하나님의 기업이라고 함

그분의 뜻을 행하고 그 말씀을 순종하는 자여,
여호와를 찬양하십시오.
그분의 천사들이여, 여호와를 찬양하십시오.
- 쉬운성경 시편 103:20

♡ 우리 기도해요!

"찬양받기 합당하신 주님,
주님을 찬양할 수 있는 입을 주셔서 감사해요.
찬송을 많이 알지는 못하지만 하나씩 배우면서
매일 매일 주님을 찬양하는 제가 될래요."
예수님의 이름으로 기도합니다. 아멘

【순종】 말하는 대로 따르는 것,
　　　　성경에서는 하나님의 말씀을 듣고 따르는 의미로 많이 쓰임

하나님께서는 우리가 그분께 간구할 때마다 귀를 기울이고 계십니다.
그러므로 우리는 우리가 구한 모든 것들을
그분께서 주시리라는 것을 알 수 있습니다.
- 쉬운성경 요한1서 5:15

♡ 우리 기도해요!

"사랑의 하나님, 기도는 꼭 눈을 감거나
반드시 무릎을 꿇고 해야 하는 것은 아니래요.
자전거를 탈 때도 운동장에서 놀 때도
어디서든지 기도할 수 있어요.
이처럼 언제든지 저의 기도에 귀 기울여 주시니 감사해요."
예수님의 이름으로 기도합니다. 아멘

【간구】 간절히 바람

자녀들은 부모에게 순종하십시오.
이것이 주님을 믿는 사람으로서 옳게 행하는 일입니다.
십계명에도 '네 부모를 공경하라'고 하였습니다.
이것은 약속이 보장된 첫 계명입니다.
- 쉬운성경 에베소서 6:1, 2

♡ 우리 기도해요!

"오늘은 어버이날이에요.
주님, 나를 사랑해주는
좋은 부모님을 주셔서 감사해요.
아빠 엄마 말씀 잘 듣는 착한 어린이가 될게요."
예수님의 이름으로 기도합니다. 아멘

【계명】 종교·도덕상 마땅히 지켜야 할 규범

어떤 사람들이 하는 것처럼 교회의 모임에 빠져서는 안 됩니다.
그 날이 가까이 다가오는 것을 볼수록 함께 만나며 서로를 격려해야 할 것입니다.
- 쉬운성경 히브리서 10:25

♡ 우리 기도해요!

"주일학교에 나가서 예배하고 찬양하고 기도하는 것이 정말 즐거워요.
하나님이 기쁘게 영광받으시는 것이 느껴지거든요.
교회에 더 열심히 다니는 제가 될게요."
예수님의 이름으로 기도합니다. 아멘

[모임] 어떤 목적 아래 여러 사람이 모이는 일

5월7일

우리 주 예수 그리스도의 이름으로 하나님 아버지께 항상 감사를 드리십시오.

- 쉬운성경 에베소서 5:20

♡ 우리 기도해요!

"하나님, 생각해보면 감사할 이유가 정말 많아요.
그런데 저는 매일 하나님께
이것저것 해달라고만 기도했어요.
이젠 감사기도를 드릴게요."
예수님의 이름으로 기도합니다. 아멘

【감사】 고마움, 하나님께 대해 백성들이
가져야하는 태도

8월25일

성령의 열매는 사랑과 기쁨과 평화와 오래 참음과 자비와 착함과 성실과
온유와 절제입니다. 이런 것들을 금지할 율법이 없습니다.

- 쉬운성경 갈라디아서 5:22, 23

♡ 우리 기도해요!

주일학교에서 성령의 9가지 열매에 대해서 배운 적이 있어요.

제게도 이런 열매가 아름답게 맺어질 수 있겠죠?

주님이 저와 함께하시니 문제없다고 생각해요. 주님이 도와주세요.

예수님의 이름으로 기도합니다. 아멘

【율법】 인간의 행동을 다스리기 위해 하나님이 인간에게 내린 규범

지혜가 부족한 사람이 있으면 하나님께 구하십시오.
하나님께서는 자비로우셔서 모든 사람에게
나눠 주시는 것을 즐거워하십니다.
따라서 여러분이 필요로 하는 지혜를 주실 것입니다.

- 쉬운성경 야고보서 1:5

♡ 우리 기도해요!

"하나님은 나눠주기를 좋아하신다고 하셨죠?
저에게도 지혜를 주세요.
성경을 쉽게 이해할 수 있는 지혜를 주세요."
예수님의 이름으로 기도합니다. 아멘

【자비】 무력하고 도움이 필요한 사람을 사랑하고 불쌍히 여기는 마음

서로에게 거짓말을 하지 마십시오.
이제는 과거의 잘못된 삶에서 진정으로 벗어나야 할 때입니다.
- 쉬운성경 골로새서 3:9

♡ 우 리 기 도 해 요 !

"주님, 가끔 거짓말을 하면 편할 때가 있어요.
거짓말이면 혼날 일도 그냥 넘어갈 수 있잖아요.
하지만 이제 거짓말하지 않을래요.
제가 가장 사랑하는 주님이
하지 말라고 하셨으니깐요."
예수님의 이름으로 기도합니다. 아멘

[과거] 이미 지나간 때

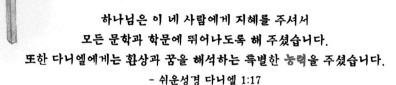

하나님은 이 네 사람에게 지혜를 주셔서
모든 문학과 학문에 뛰어나도록 해 주셨습니다.
또한 다니엘에게는 환상과 꿈을 해석하는 특별한 **능력**을 주셨습니다.
- 쉬운성경 다니엘 1:17

♡ 우리 기도해요!

"하나님, 다니엘과 세 친구들은 하나님을 잘 믿었어요.
그래서 그들은 지혜와 능력을 선물로 받았어요.
저도 하나님을 잘 섬겨서 지혜와 능력을 받고 싶어요."
예수님의 이름으로 기도합니다. 아멘

【능력】 일을 감당해 낼 수 있는 힘

8월27일

> 성실한 사람은 크게 복을 받지만
> **일확천금**을 노리는 자는 처벌을 면치 못할 것이다.
> - 쉬운성경 잠언 28:20

♡ 우리 기도해요!

"하나님 아버지, 저도 가끔씩 TV에 나오는 주인공처럼
멋진 사람이 되고 싶어서 꿈을 꾼 적이 있어요.
오늘 말씀처럼 그 꿈을 위해서
성실히 차근차근 준비하는 어린이가 될래요."
예수님의 이름으로 기도합니다. 아멘

【일확천금】 단번에 천금을 움켜쥔다는 뜻,
힘들이지 않고 단번에 많은 재물을
얻음을 이르는 말

5월 4일

나의 바위요, 나의 구원자이신 여호와여!
내 입의 말과 내 마음의 생각이 주님께서 보시기에 **흡족**하기를 소원합니다.
― 쉬운성경 시편 19:14

♡ 우리 기도해요!

"하나님, 제가 매일 하고 있는 모든 말과 생각들이
하나님 보시기에는 어떤가요?
하나님께서 기뻐하셨으면 좋겠어요."
예수님의 이름으로 기도합니다. 아멘

【흡족】조금도 모자람이 없을 정도로 넉넉하여 만족함

8월28일

여러분의 하나님 여호와를 마음과 **뜻**과 힘을 다하여 사랑하시오.

- 쉬운성경 신명기 6:5

♡ 우 리 기 도 해 요 !

"하나님을 정말 사랑해요.

제가 가진 장난감보다 자전거보다 하나님을 더 사랑해요.

그리고 하나님은 나보다 나를 더 사랑하고 계시다는 걸 알아요."

예수님의 이름으로 기도합니다. 아멘

【뜻】 무엇을 하겠다고 속으로 먹는 마음

하나님의 어리석음이 사람의 지혜보다 더 지혜로우며,
하나님의 약함이 사람의 강함보다 더 강합니다.

- 쉬운성경 고린도전서 1:25

♡ 우 리 기 도 해 요 !

"하나님, 이 시간 회개할 일이 있어요.
제 생각대로만 모든 것을 하려는
나쁜 습관을 용서해주세요.
저보다 훨씬 뛰어나신 하나님의
생각대로 살게 해주세요."
예수님의 이름으로 기도합니다. 아멘

【어리석음】 슬기롭지 못하고 둔하다

8월 29일

너희가 나를 택한 것이 아니라 내가 너희를 택하여 세웠다.
그것은 너희가 가서 **열매**를 맺고, 너희 열매가 항상 있게 하기 위해서이다.
그래서 내 이름으로 구하는 것은 무엇이든지 아버지께서 너희에게 주실 것이다.

　　　　- 쉬운성경 요한복음 15:16

♡ 우리 기도해요!

"예수님께서 제자를 선택하신 것처럼 저를 선택하신 것을 믿어요.
와! 예수님이 저를 선택해 주셨다니 정말 기뻐요.
앞으로 예수님을 위해 사는 제가 될게요."
예수님의 이름으로 기도합니다. 아멘

【열매】 땅의 소산물을 말하며 사람의 행동,
　　　　 성격의 결과들을 말하기도 함

5월 2일

지혜로운 사람은 듣고 학식을 더할 것이며
지각 있는 자는 모략을 얻을 것이다.
– 쉬운성경 잠언 1:5

♡ 우 리 기 도 해 요 !

"하나님께 영광 돌리기 위해 공부 열심히 해야 하는데
TV 보고 게임하는 걸 더 좋아해서 어떡하죠?
이제부터 공부하는 시간과 노는 시간을 구분해서
열심히 생활하도록 노력할게요."
예수님의 이름으로 기도합니다. 아멘

【지각】 알아서 깨달음 【모략】 뛰어난 슬기와 계략

내게 능력 주시는 **그리스도**를 통하여 나는 모든 것을 할 수 있습니다.
- 쉬운성경 빌립보서 4:13

♡ 우 리 기 도 해 요 !

"하나님, 저도 모든 것을 할 수 있어요.
왜냐하면 하나님이 제게 능력을 주시기 때문이에요.
공부가 어렵지만 노력하면 저도 잘할 수 있는 것을 믿어요."
예수님의 이름으로 기도합니다. 아멘

[그리스도] 기름 부음을 받은 자

5월1일

게으른 자여, 개미가 하는 것을 잘 보고 지혜를 얻어라.
개미는 지도자도 장교도 통치자도 없지만 여름에는 먹이를 준비하고
추수 때에는 그 음식을 모은다.
- 쉬운성경 잠언 6:6~8

♡ 우리 기도해요!

"좋으신 하나님, 개미가 스스로 열심히 일하는 것처럼
저도 누가 시키지 않아도 최선을 다해 공부하는
착한 어린이가 되게 해주세요."
예수님의 이름으로 기도합니다. 아멘

【추수】 익은 곡식이나 과일 등 농작물을 거두어 들이는 일

8월31일

여러분을 불러주신 하나님께서 거룩하신 것처럼
여러분도 모든 행동에 거룩한 사람이 되십시오.
- 쉬운성경 베드로전서 1:15

♡ 우리 기도해요!

"거룩하신 하나님, 거룩은 죄가 없이 깨끗한 것을 의미한대요.
저도 하나님의 자녀이니 아버지 하나님처럼
거룩해지고 싶어요. 거룩하게 살도록 도와주세요."
예수님의 이름으로 기도합니다. 아멘

【거룩】 성스럽고 위대하다

4월 30일

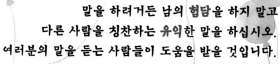

말을 하려거든 남의 **험담**을 하지 말고
다른 사람을 칭찬하는 **유익**한 말을 하십시오.
여러분의 말을 듣는 사람들이 도움을 받을 것입니다.
- 쉬운성경 에베소서 4:29

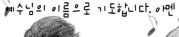

♡ 우리 기도해요!

"하나님, 용서해주세요. 다른 친구를 나쁘게 얘기한 적이 있어요.
다른 사람을 칭찬하는 좋은 말을 하게 해주세요."
예수님의 이름으로 기도합니다. 아멘

【험담】 남의 허물을 들추어 헐뜯음 【유익】 이익이 있고 도움이 됨

9월 1일

여호와께서 **지친** 사람에게 힘을 주시며 약한 사람에게 능력을 넘치도록 주신다.

– 쉬운성경 이사야 40:29

♡ 우리 기도해요!

"하나님, 지친 사람에게 힘을 주시고
약한 사람에게 능력을 넘치도록 주신다고요?
정말 감사해요. 제게도 지칠 때 힘을 주세요. 그리고 능력도요."
예수님의 이름으로 기도합니다. 아멘

[지친] 힘든 일을 하거나 어떤 일에 시달려서 기운이 빠진 상태

4월 29일

예수님께서는 모든 사람의 죄를 용서하기 위해서 자신을 바치셨습니다.
모든 사람을 구원하고 싶어하시는 하나님께서는 그 증거로 예수님을
십자가에 못박혀 죽게 하셨는데, 이는 때가 되어 이루신 하나님의 뜻입니다.
- 쉬운성경 디모데전서 2:6

♡ 우리 기도해요!

"하나님, 예수님이 저를 위해서 십가가에 못박혀 돌아가신 것이 하나님의 뜻이라고요?
저를 구원하시려고 까마득한 옛날부터 계획하신 일이라고요?
그렇게 제가 소중한 존재인가요? 주님의 사랑에 정말 감사드려요."
예수님의 이름으로 기도합니다. 아멘

【증거】 어떤 사실을 증명할 수 있는 근거

자녀들은 모든 일에 부모에게 순종하십시오.
이것은 주님을 기쁘게 해 드리는 일입니다.
- 쉬운성경 골로써서 3:20

♡ 우리 기도해요!

"주님, 아빠 엄마의 말씀을 잘 들어야 하는데
잔소리 같이 느껴져서 짜증을 내기도 했어요.
하지만 주님이 말씀하신 것처럼
이제부터는 부모님께 순종하는 제가 될게요.
이전에 잘못했던 것은 주님이 용서해 주실 거죠?"
예수님의 이름으로 기도합니다. 아멘

【순종】 하나님의 말씀을 듣고 따르는 것

April

4월 28일

여호와는 나의 목자시니 내게 부족함이 없습니다.
그가 나를 푸른 풀밭에서 쉬게 하십니다.
여호와는 나를 잔잔한 물가로 이끌어 쉬게 하시며 나에게 새 힘을 주십니다.
- 쉬운성경 시편 23:1, 2

♡ 우리 기도해요!

"양을 치는 목자가 양을 인도하듯이 주님은 저를
바른 길로 인도해주시는 분이세요. 정말 감사드려요."
예수님의 이름으로 기도합니다. 아멘

【목자】 신자를 양(羊)에 비유하여,
　　　　신자의 신앙생활을 보살피는 성직자를 이르는 말

노하기를 더디 하는 사람은 용사보다 낫고
자기를 다스릴 줄 아는 자는 성을 정복하는 자보다 낫다.

- 쉬운성경 잠언 16:32

♡ 우리 기도해요!

"사랑의 하나님, 제게 좋은 친구를 주셔서 감사해요.
그런데 얼마전에 친구 OO(이)에게 화를 내고 말았어요.
오히려 제가 더 잘못했는데 말이죠.
주님이 OO(이)의 마음을 위로해주세요.
그리고 저를 용서해주세요."

예수님의 이름으로 기도합니다. 아멘

【더디】 움직임이 느리고 시간이 걸리는 모양
【정복】 남의 나라나 이민족 따위를 정벌하여 복종시킴

모든 걱정과 **근심**을 하나님께 맡기십시오.
하나님께서 여러분을 돌보시고 계십니다.
- 쉬운성경 베드로전서 5:7

♡ 우리 기도해요!

"하나님, 어른들은 어린 저보고 무슨 걱정이 있겠냐고 하시지만
저도 저만의 걱정이 있어요. 이런 저를 하나님은 다 아시죠?
걱정을 주님께 맡길게요. 주님이 다 해결해 주세요."
예수님의 이름으로 기도합니다. 아멘

【근심】 마음이 놓이지 않아 속이 타는 것

좋은 땅에 떨어진 씨와 같은 사람은 말씀을 듣고 깨닫는 사람이다.
이런 사람은 열매를 맺는데, 어떤 사람은 백 배, 어떤 사람은 육십 배,
어떤 사람은 삼십 배의 열매를 맺는다.

- 쉬운성경 마태복음 13:25

♡ 우리 기도해요!

"주님, 아직 저는 성경이 어려울 때가 있어요. 제게 말씀을 이해할 수 있는 지혜를 주셔서
예수님이 말씀하신 것처럼 많은 열매를 맺게 해주세요."

예수님의 이름으로 기도합니다. 아멘

【깨닫는】 알게 되다

다른 사람들에게 선을 베푸는 일을 잊지 마십시오.
여러분이 가진 것을 서로 나누시기 바랍니다.
이러한 행동은 하나님을 기쁘시게 하는 제사입니다.
- 쉬운성경 히브리서 13:16

♡ 우리 기도해요!

"저는 교회에서 헌금을 내고 찬양을 부르는 것만 제사인 줄 알았어요.
그런데 다른 사람들에게 선을 베푸는 것도 제사가 된다고요?
그렇다면 항상 선을 베푸는 어린이가 될래요.
하나님이 기뻐하시는 일은 뭐든지 다 할 거거든요."

예수님의 이름으로 기도합니다. 아멘

【제사】 죄를 회개하는 표시의 제물이나 감사의 예물을
하나님께 드리는 의식

9월 5일

하나님께서는 우리에게 두려워하는 마음을 주신 것이 아니라
능력과 사랑과 절제하는 마음을 주셨습니다.
- 쉬운성경 디모데후서 1:7

♡ 우리 기도해요!

"하나님, 제게 능력을 주시고
또 사랑하는 마음을 주셔서 정말 감사해요.
주님이 주신 것이니
주님을 위해서 사용할게요."
예수님의 이름으로 기도합니다. 아멘

【절제】 자신의 행동을 지배하는 능력

여호와는 주를 부르는 모든 자들에게 가까이 계시며
진실로 주를 부르는 자들에게 가까이 계십니다.

- 쉬운성경 시편 145:18

♡ 우리 기도해요!

"하나님, 저도 매일 하나님께 기도를 하잖아요.
그럼 하나님께서 저와 가까이 계신 것 맞죠? 앞으로 쭉 저와 함께해 주세요."

예수님의 이름으로 기도합니다. 아멘

【진실】 거짓없고 참된 것

자선을 베풀 때에는 네 오른손이 하는 일을 왼손이 모르게 하여라.

- 쉬운성경 마태복음 6:3

♡ 우리 기도해요!

"주님, 착한 일을 했을 때
선생님과 친구들, 부모님이 몰라줘도
속상해하지 않을래요.
주님이 다 알아주시니 저는 괜찮답니다."
예수님의 이름으로 기도합니다. 아멘

【자선】 남을 불쌍히 여겨 도와줌

미련한 자들은 제멋대로 행동하다 죽고
어리석은 자들은 태만히 행하다가 망할 것이다.
그러나 내 말을 순종하는 사람들은 안전하게 살고
해를 걱정하지 않고 평안할 것이다.
- 쉬운성경 잠언 1:32,33

♡ 우리 기도해요!

"하나님의 말을 따르지 않고 제멋대로 행동하는 것은
미련한 사람이나 하는 짓이에요.
저는 하나님께 순종해서
안전하고 평안하게 살고 싶어요."
예수님의 이름으로 기도합니다. 아멘

【태만】 게으르고 느림

9월 7일

믿는 사람은 자기 친척,
특히 가족부터 잘 돌보아야 합니다.
그렇게 하지 않는 사람은 믿음을 저버린 사람이며
하나님을 믿지 않는 사람보다 더 나쁜 사람입니다.

- 쉬운성경 디모데전서 5:8

♡ 우리 기도해요!

"하나님 아버지, 오늘 말씀에는
주님을 믿는 사람은 가족을 잘 돌보아야 한대요.
그러고 보니 할머니 할아버지, 이모 그리고 사촌 동생을 위해서
기도를 많이 못했어요. 이제부터는 가족들을 위해서 기도하는 주님의 어린이가 될래요."
예수님의 이름으로 기도합니다. 아멘

[저버린] 마땅히 지켜야 할 도리나 의리를 잊거나 어김

여호와께서는 악인의 집은 **저주**하시지만 의인의 집에는 복을 주신다.

- 쉬운성경 잠언 3:33

♡ 우리 기도해요!

"하나님 아버지,
하나님께서 주시는 복을 누리고 싶어요.
의인의 집에 복을 내려주신다고 하셨죠?
그렇다면 주님이 주시는 복을 기대할게요."
예수님의 이름으로 기도합니다. 아멘

【저주】 남에게 불행이 일어나도록 빌고
　　　 바라는 것

9월8일

예수님처럼 생각하고 행동합시다.
그분은 하나님과 똑같이 높은 분이셨지만
결코 높은 자리에 있기를 원하지 않으셨습니다.
- 쉬운성경 빌립보서 2:5, 6

♡ 우리 기도해요!

"예수님, 예수님처럼 생각하고 행동하는 것이
저한테는 너무 어려운 일인 것 같아요.
하지만 조금씩 조금씩 예수님을 닮아 가려고 노력할 거예요.
저를 지켜봐 주세요."
예수님의 이름으로 기도합니다. 아멘

【결코】 어떤 경우에도 절대로

4월 22일

여호와께 **소망**을 두는 여러분들이여, 마음을 굳게 하고 힘을 내십시오.

- 쉬운성경 시편 31:24

♡ 우 리 기 도 해 요 !

"가끔씩 주일학교에 나가기 싫을 때가 있어요.
친구들과 놀러가고 싶을 때가 있어요.
하지만 마음을 굳게 먹고 주님을 따라갈게요."
예수님의 이름으로 기도합니다. 아멘

【소망】 어떤 일을 바람 또는 그 바라는 것

9월 9일

여호와를 거스르는 것은 그 어떤 지혜, 통찰력, 계획으로도 성공하지 못한다.
전쟁을 대비하여 말을 준비해도 승리는 여호와께 달려 있다.

- 쉬운성경 잠언 21:30,31

♡ 우리 기도해요!

"하나님 아버지, 내가 하고 싶은 것보다
하나님이 원하시는 것에 따라야 한대요.
성경에 하나님이 원하시는 것이 나와 있죠?
그 말씀을 따라서 살게요."
예수님의 이름으로 기도합니다. 아멘

【통찰력】 사물이나 현상을 꿰뚫어 보는 능력

그 때 여호와 하나님께서 땅의 흙으로 사람을 지으셨습니다.
그리고 사람의 코에 생명의 숨을 불어 넣으시니
사람이 생명체가 되었습니다.
- 쉬운성경 창세기 2:7

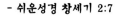 ♡ 우리 기도해요!

"주님, 사람은 원숭이에서 진화한 것이 아니라
 하나님이 직접 흙으로 지으신 것을 저는 알아요.
세상 사람들도 이러한 사실을 알게 해주세요.
우리는 주님이 정성스레 만드신 소중한 작품이란 사실을요!"
예수님의 이름으로 기도합니다. 아멘

【생명체】 생명이 있는 물체

여호와는 나의 빛이시며 나의 구원자시니 내가 누구를 두려워하겠습니까?
여호와는 내 인생의 요새가 되시니 내가 누구를 무서워하겠습니까?

- 쉬운성경 시편 27:1

♡ 우리 기도해요!

"주님, 가끔씩 무서운 이야기를 듣거나
TV에서 귀신 이야기를 보게 되면 너무 무서워요.
하지만 하나님께서 저와 함께하시니
귀신을 무서워하지 않을게요."
예수님의 이름으로 기도합니다. 아멘

【요새】 적의 공격에 대비하여 중요한 곳에
구축해 놓은 견고한 방어시설

예수님을 죽은 사람들 가운데서 다시 살리신 분의 영이 여러분 안에 살아 계시면
여러분 안에 계신 그분의 영으로써 여러분의 죽을 몸도 살리실 것입니다.

- 쉬운성경 로마서 8:11

♡ 우리 기도해요!

"하나님, 오늘 주신 말씀을 저는 믿어요.
예수님을 살리신 분이 하나님이고 그 하나님이 제 마음 속에도 계시니
당연히 저는 천국에 갈 것을 믿어요.
이런 믿음을 갖게 해주셔서 정말 감사해요."
예수님의 이름으로 기도합니다. 아멘

【영】 인간의 생명 속의 한 부분으로 능력을
주는 면 그리고 이 세상에 하나님의
임재와 능력을 도래케 하는 성령

9월 11일

어떤 길은 사람이 보기에 좋아 보여도 결국은 죽음의 길이다.

- 쉬운성경 잠언 14:12

 ♡ 우리 기도해요!

"예수님, 예수님을 믿지 않는 친구들 중에
멋진 자동차를 타고 좋은 집에 사는 친구들이 있어요.
하지만 저는 주님이 함께하시니 하나도 부럽지 않아요.
천국에 갈 수 있잖아요."
예수님의 이름으로 기도합니다. 아멘

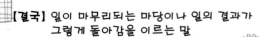

【결국】 일이 마무리되는 마당이나 일의 결과가
　　　그렇게 돌아감을 이르는 말

자기 재물을 의지하는 사람은 넘어지나 **의인**은 푸른 잎사귀처럼 번성할 것이다.

- 쉬운성경 잠언 11:28

♡ 우리 기도해요!

"하나님, 의인이 되기 위해서는 돈을 의지하면 안 되죠?
돈이 있으면 맛있는 과자를 사먹을 수 있으니까 저도 모르게 돈을 좋아했어요.
하지만 이제 하나님을 더 의지할래요."
예수님의 이름으로 기도합니다. 아멘

【의인】 의로운 사람

이 계시의 말씀을 읽는 자는 복 있는 사람입니다.
또한 이것을 듣고 그 가운데 기록된 것을 지키는 자들 역시 복 있는 사람입니다.
그것은 이 모든 말씀이 이루어질 날이 점점 다가오고 있기 때문입니다.

- 쉬운성경 요한계시록 1:3

♡ 우리 기도해요!

"하나님, 정말 감사해요.
저는 성경을 읽고 매일 기도를 하니 복있는 사람이에요.
다른 친구들도 이 말씀을 읽었으면 좋겠어요."
예수님의 이름으로 기도합니다. 아멘

[계시] 인간 스스로는 도저히 알 수 없는
　　　　하나님 자신을 직접 드러내시거나 알리시는 것

동이 서에서 먼 것처럼 그분은 우리로부터 죄를 멀리 치우셨습니다.
- 쉬운성경 시편 103:12

♡ 우리 기도해요!

"하나님, 죄인인 저를 구원해주시고 모든 죄를 용서해주셔서 정말 감사해요.
죄를 용서하신 하나님을 찬양해요."
예수님의 이름으로 기도합니다. 아멘

【그분】 하나님

가장 높으신 하나님께 내가 부르짖습니다.
나를 위한 주의 **목적**을 이루시는 하나님께 외칩니다.
- 쉬운성경 시편 57:2

♡ 우리 기도해요!

"어린 나를 위해서 목적을 가지고 계시다고요?
그럼 저는 나중에 커서 어떤 사람이 되죠? 주님이 알려주세요."

예수님의 이름으로 기도합니다. 아멘

【목적】 실현하려고 하는 일이나 나아가는 방향

여호와를 찾고 그의 능력을 찾아라.
언제나 그의 도움을 구하여라.
여호와께서 하신 놀라운 일들을 기억하여라.
그 기적과 그의 **판단**을 기억하여라.
- 쉬운성경 역대상 16:11,12

♡ 우리 기도해요!

"하나님, 가만히 생각해보면
하나님께서 저를 위해 하신 일이 정말 많아요.
쉴 수 있는 집과 음식을 주신 것도 정말 감사한데
이것 말고 더 많은 것을 주셨어요. 감사해요."
예수님의 이름으로 기도합니다. 아멘

[판단] 일이나 사물을 논리나 기준 등에 따라 판정을 내림

9월 14일

하나님께서는 여러분 모두에게 성령의 선물을 허락해 주셨습니다.
또한 각자에게 특별한 다른 선물을 주심으로 하나님의 은혜를 알게 하셨습니다.
그러므로 하나님의 선물을 가볍게 여기지 말고
착한 종처럼 남을 돕는 일에 사용하십시오.

 - 쉬운성경 베드로전서 4:10

♡ 우리 기도해요!

"하나님, 오늘 말씀을 보니 선물을 주셨다고 했는데 저에게 주신 선물은 무엇인가요?
그 선물을 찾아서 하나님을 위해 사용하고 싶어요."

예수님의 이름으로 기도합니다. 아멘

【은혜】 조건 없는 하나님의 사랑으로, 하나님의
가장 대표적인 성품 중 하나

> **여러분은 먹든지 마시든지, 무엇을 하든지, 모든 것을**
> **하나님의 영광을 위해 하십시오.**
> **- 쉬운성경 고린도전서 10:31**

♡ 우리 기도해요!

"주님이 주신 제 몸을 건강하게 지켜야 하는데
저는 불량식품을 부모님 몰래 친구들하고 사먹곤 해요.
이제부터 안 먹을게요.
그리고 하루 세 끼 밥도 꼬박꼬박 먹을게요."
예수님의 이름으로 기도합니다. 아멘

【영광】 하나님을 나타낼 때 빛나는 광채,
하나님의 근본적인 성격 또는 그것의 나타남

9월15일

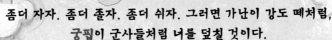

좀더 자자. 좀더 졸자. 좀더 쉬자. 그러면 가난이 강도 떼처럼,
궁핍이 군사들처럼 너를 덮칠 것이다.

- 쉬운성경 잠언 24:33, 34

♡ 우리 기도해요!

"하나님, 아침에 엄마가 깨우면 일어나기 싫어서 짜증을 낸 적이 있어요.
아침에 이불 속에서 나오기가 싫을 때가 많아요.
하지만 주님 말씀처럼 이제부터는 부지런한 주님의 어린이가 될래요."
예수님의 이름으로 기도합니다. 아멘

【궁핍】 가난하고 구차하다

겸손한 자들과 함께 사는 것이,
교만한 자들과 빼앗은 물건을 나누는 것보다 낫다.
- 쉬운성경 잠언 16:19

♡ 우리 기도해요!

"제 친구 중에 잘난 척하는 친구가 있는데
저는 그렇게 되지 않게 해주세요.
잘난 척하는 모습은 정말 보기 싫거든요.
그래도 그 친구를 미워하지는 않을게요."
예수님의 이름으로 기도합니다. 아멘

【교만】 죄를 지은 사람

9월16일

오, 하나님의 지혜와 지식의 **부유함**은 참으로 깊습니다!
하나님의 판단은 헤아릴 수 없으며 그분의 길은 아무도 찾을 수가 없습니다.

- 쉬운성경 로마서 11:33

♡ 우리 기도해요!

"주님은 모든 것을 알고 계시니 정말 좋으실 것 같아요.
미래에 어떤 일이 일어날지 저는 항상 궁금하거든요.
그런데 한편으로는 앞으로 무슨 일이 일어날지
다 아시는 주님이 저를 지켜주시니 항상 든든해요."
예수님의 이름으로 기도합니다. 아멘

[부유함] 재물이 넉넉함

오직 우리 구주 예수 그리스도를 아는 지식과
그의 은혜 가운데 자라나기를 빕니다.
이제부터 영원까지 주님께 영광이 있기를 바랍니다. 아멘
- 쉬운성경 베드로후서 3:18

♡ 우리 기도해요!

"하나님, 주일학교에서 하나님은
사랑의 하나님, 용서하시는 하나님,
약속을 잘 지키시는 하나님이라고 했어요.
그리고 또, 음… 잘 생각이 안 나요.
하나님에 대해서 더 알고 싶어요.
어떤 분인지 말이에요."
예수님의 이름으로 기도합니다. 아멘

【은혜】 공로 없는 자들을 위해 하나님께서 베풀어 주는 조건 없는 사랑

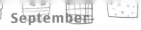

9월 17일

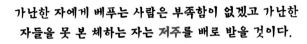

가난한 자에게 베푸는 사람은 부족함이 없겠고 가난한
자들을 못 본 체하는 자는 저주를 배로 받을 것이다.
- 쉬운성경 잠언 28:27

♡ 우리 기도해요!

"사랑의 주님, 오늘 주님의 말씀을 주셔서 정말 감사해요.
가난한 사람들을 도우라는 주님의 말씀처럼 나중에 커서
꼭 가난한 사람을 위해 도우며 사는 주님의 자녀가 될게요."
예수님의 이름으로 기도합니다. 아멘

【저주】 남에게 불행이 일어나도록 빌고 바라는 것

4월 13일

**믿음은 우리가 바라는 것들에 대해서 확신하는 것입니다.
또한 보이지는 않지만 그것이 사실임을 아는 것입니다.**

— 쉬운성경 히브리서 11:1

♡ 우리 기도해요!

"저는 하나님이 살아계신 것을 믿어요.
눈으로 보이시진 않지만 제 마음 속에
항상 살아계심을 알 수 있어요.
세상 모든 것을 만드신 주님이 저와 함께하시니
저는 두려운 것이 없어요. 정말 감사해요."
예수님의 이름으로 기도합니다. 아멘

【믿음】 어떤 사실이나 사람을 믿는 마음, 성경에서는
하나님께 자신의 삶을 바꾸는 태도를 말한다.

9월 18일

의로운 사람에게도 어려움이 많을 수 있습니다.
그러나 여호와께서 모든 어려움에서 구해 주실 것입니다.
- 쉬운성경 시편 34:19

♡ 우리 기도해요!

"의로운 사람에게도 어려움이 있을 수 있어요.
하지만 하나님께서 이길 수 있는 힘을 주시니 저는 걱정이 없답니다."
예수님의 이름으로 기도합니다. 아멘

【의로운】 정의를 위한 적극적인 마음

평화를 위해 일하는 사람은 복이 있다.
그들이 하나님의 아들이라고 불릴 것이다.
- 쉬운성경 마태복음 5:9

♡ 우리 기도해요!

"주님, 친구가 제게 잘못한 일이 있으면 용서하는 제가 될게요.
그리고 만약 친구들끼리 서로 다투면 제가 잘 타일러서 싸우지 않도록 말릴게요.
왜냐고요? 평화를 위해서지요."

예수님의 이름으로 기도합니다. 아멘

【평화】 평온하고 화목함

9월19일

항상 즐거워하십시오.
- 쉬운성경 데살로니가전서 5:16

♡ 우리 기도해요!

"사랑의 하나님,

하나님께서 저를 사랑해 주셔서 구원해 주시니 정말 감사하고 또 기뻐요.

매일 매일 기쁘고 즐겁게 지내는 제가 될게요."

예수님의 이름으로 기도합니다. 아멘

【항상】 언제나 변함없이

스스로 **속이지 마십시오. 하나님을 속일 수는 없습니다.**
사람은 자기가 심은 대로 거둘 것입니다.
- 쉬운성경 갈라디아서 6:7

♡ 우리 기도해요!

"하나님, 하나님은 모든 것을 다 알고 계시기 때문에
주님을 속일 수는 없어요.
근데 어쩔 땐 거짓말하는 게 재밌어서 그냥 할 때가 많아요.
이런 저를 용서해 주세요."
예수님의 이름으로 기도합니다. 아멘

[스스로] 자기자신

9월 20일

여러분의 **삶** 가운데 악한 것과 잘못된 일은 모두 없애 버리십시오.
여러분의 마음에 **심겨진** 하나님의 가르침을 겸손하게 받으시기 바랍니다.
이는 여러분의 영혼을 구원하는 가르침입니다.

– 쉬운성경 야고보서 1:21

♡ 우리 기도해요!

"하나님, 제 마음 속에 악한 것이 있어요.
바로 남을 질투하는 마음이에요.
친구가 칭찬받을 때 마음속으로 질투했던 적이 있어요.
이런 저를 용서해주세요."
예수님의 이름으로 기도합니다. 아멘

【삶】 사는 일 또는 살아 있음 **【심겨진】** 마음속에 굳게 자리잡은

여호와는 의로운 사람들을 보고 계시며
그들이 부르짖는 소리에 귀를 기울이십니다.
- 쉬운성경 시편 34:15

♡ 우리 기도해요!

"하나님, 선교사님들 중에 아프리카 오지에서 선교하는 분들이 있어요.
제 기도를 들어주시듯 선교사님들의 기도를 들어주세요."
예수님의 이름으로 기도합니다. 아멘

【의로운】 정의를 위한 적극적인 마음

9월21일

나는 복음을 부끄러워하지 않습니다.
그것은 이 복음이 유대인으로부터 시작해서 이방인들에 이르기까지
모든 믿는 사람을 구원에 이르게 하는 하나님의 능력이기 때문입니다.
- 쉬운성경 로마서 1:16

♡ 우리 기도해요!

"참 좋으신 하나님, 어린 제가 복음을 알게 해주셔서 정말 감사해요.
믿기만 하면 구원을 받는 복음을 세상 모든 사람들이 알 수 있게
기도하는 어린이가 될게요."
예수님의 이름으로 기도합니다. 아멘

【이방인】 다른 나라에서 온 사람, 이스라엘에서 살았던
비유대인들이나 하나님을 믿지 않는 사람들

믿음을 가지고 하는 기도는 병든 사람을 낫게 할 것입니다.
주님께서 그를 **치료**해 주실 것입니다.
만일 그가 죄를 지었더라도, 그를 용서해 주실 것입니다.
- 쉬운성경 야고보서 5:15

♡ 우리 기도해요!

"오늘은 아픈 사람들을 위해서 기도할게요.
병원에 가보니 아픈 환자들이 정말 많아요.
주님이 다 치료해주세요."

예수님의 이름으로 기도합니다. 아멘

【치료】 병이나 상처를 다스려서 낫게 하는 것

너는 나에게 부르짖어라.
그러면 내가 네게 응답하겠고 네가 전에 알지 못하던
놀라운 일들과 비밀들을 일러 주겠다.
- 쉬운성경 예레미야 33:3

♡ 우리 기도해요!

"부르짖으라는 건 간절한 마음으로
끝까지 구하라는 말씀이시죠?
주님께 외치며 구하겠어요.
놀라운 일과 비밀을 보여 주세요."
예수님의 이름으로 기도합니다. 아멘

【응답】 부름이나 물음에 응하여 답함

서로 한 마음이 되십시오.
교만한 마음을 품지 마십시오.
하찮아 보이는 사람들과도 기꺼이 사귀십시오.
스스로 지혜 있는 척하지 마십시오.

　　- 쉬운성경 로마서 12:16

♡ 우리 기도해요!

"하나님, 감사해요. 제게 좋은 친구들을 주시니 말이에요.
오늘 주신 말씀처럼 아직 친하지 않은 친구들과도
더 친해질 수 있게 해주세요.
예수님의 사랑을 가능하면 더 많은 친구들에게 전하고 싶어요."
예수님의 이름으로 기도합니다. 아멘

【교만】 잘난 체하며 방자하게 뽐내는 것,
　　　　성경에서는 하나님의 뜻을 행하지 않는 것을 말함

9월 23일

사랑하는 여러분,
여러분이 직접 원수를 갚지 말고 하나님의 **진노**에 맡기십시오.
성경에 이렇게 기록되어 있습니다.
주님께서 말씀하시기를 "원수 갚는 것이 나에게 있으니 내가 갚을 것이라."
- 쉬운성경 로마서 12:19

♡ 우리 기도해요!

"하나님, 저는 사단 마귀가 정말 싫어요. 사실 무섭기도 하고요.
제 마음 속에 들어와서 저도 모르게 나쁜 죄를 짓게 만들어요.
주님이 사단 마귀를 혼내주세요.
그리고 저를 마귀로부터 보호해 주세요."
예수님의 이름으로 기도합니다. 아멘

[진노] 성을 내며 노여워함, 하나님의 진노는 인간의
죄악에 대한 하나님의 정당한 반응이다

바르게 사는 사람들에게 빛을 비추시며,
마음이 정직한 사람들에게 넘치는 기쁨을 주십니다.
바르게 사는 여러분, 여호와 안에서 기뻐하십시오.
그분의 거룩한 이름을 찬양하십시오.

- 쉬운성경 시편 97:11, 12

♡ 우리 기도해요!

"하나님, 물어볼 게 있는데요,
저는 바르게 사는 사람인가요?
제게도 빛을 비춰주세요."
예수님의 이름으로 기도합니다. 아멘

【빛】 하나님께서 첫째 날 만드신 창조물이며,
성경에서는 생명의 원천, 구원과 행복으로 그려짐

사람들을 풀밭에 앉게 하신 후, 예수님께서는 빵 다섯 개와
생선 두 마리를 손에 들고 하늘을 바라보며 감사 기도를 드리셨습니다.
그 다음에 제자들에게 그것들을 떼어 주셨고
제자들은 그것을 사람들에게 나누어 주었습니다.

- 쉬운성경 마태복음 14:19

♡ 우 리 기 도 해 요 !

"빵 다섯 개와 물고기 두 마리로 수많은 사람이 먹고도
열두 광주리가 남은 사실은 정말 잊을 수가 없어요.
주님은 불가능이 없으신 분이세요. 대단해요!"
예수님의 이름으로 기도합니다. 아멘

【제자】 예수의 가르침을 받아 그의 뒤를 따르는 사람

만약 누구든지 악을 멀리하고 자신을 깨끗하게 하면,
주인이신 주님이 쓰기에 귀하고 거룩한 그릇이 될 것입니다.
그런 사람은 언제나 좋은 일에 쓰일 수 있는 준비된 사람입니다.
- 쉬운성경 디모데후서 2:21

♡ 우리 기도해요!

"하나님, 저도 하나님께 크게 쓰임받고 싶어요.
악을 멀리하고 저를 깨끗하게 하면 주님이 쓰신다고요?
알겠어요 주님, 이제부터 악을 멀리하겠어요.
저를 지켜봐주세요."
예수님의 이름으로 기도합니다. 아멘

【거룩】 하나님께만 있는 성품으로 모든 피조물과
       완전히 다르게 구별되심을 말하는 것

9월25일

파라오가 요셉에게 말했습니다. "하나님께서 이 모든 일을 그대에게 보여 주셨다.
그대만큼 지혜롭고 현명한 사람은 없다. 나는 내 왕궁을 그대에게 맡긴다.
모든 백성들이 그대에게 복종할 것이다. 그대보다 높은 사람은 나밖에 없도다."

- 쉬운성경 창세기 41:39,40

♡ 우리 기도해요!

"주님, 요셉은 꿈을 잃지 않고 주님께 순종해서
마침내 이집트의 총리가 되었어요.
저도 꿈을 포기하지 않고 주님께 순종해서
꼭 꿈을 이룰 수 있게 주님이 도와주세요."
예수님의 이름으로 기도합니다. 아멘

[현명한] 어질고 슬기로워 사리에 밝음

4월5일

하나님께서 말씀하셨습니다.
"땅은 풀과 씨를 맺는 식물과 씨가 든 열매를 맺는 온갖 과일나무를 내어라"
하시니 그대로 되었습니다.
- 쉬운성경 창세기 1:11

♡ 우리 기도해요!

"오늘은 식목일이에요.
아름답고 멋진 풀과 나무, 꽃들을 창조하신 하나님!
훌륭한 예술가가 훌륭한 작품을 만드는 것처럼
주님이 아름답고 멋지신 분이니
그런 작품을 만드신 거겠죠? 정말 대단하세요."

예수님의 이름으로 기도합니다. 아멘

【열매】 식물의 씨방에서 자라 열리는 것, 노력한 일의 결과

너희는 다른 사람이 네게 해 주길 **바라는** 대로 다른 사람에게 해 주어라.

- 쉬운성경 누가복음 6:31

♡ 우리 기도해요!

"저는 참 이기적인 것 같아요.
제가 친구에게 서운하게 하는 것은 모르고
친구가 가끔 제게 실수하면 화부터 나요.
저한테 잘해주기만 바라는 것은 못된 생각이죠?
그러면 고치도록 노력할래요.
주님이 도와주세요."

예수님의 이름으로 기도합니다. 아멘

[바라는] 어떤 일이나 상태가 이루어지거나
그렇게 되었으면 하고 생각하는 것

경우에 **합당**한 말은 은쟁반에 놓여진 금사과와 같다.

– 쉬운성경 잠언 25:11

♡ 우리 기도해요!

"은쟁반에 금사과가 있다면 정말 보기 좋을 것 같아요.
그런데 말을 잘 하는 것도 이것과 같다고요?
와~ 저는 아직 어린데 저도 이처럼 될 수 있나요?
주님 도와주세요."

예수님의 이름으로 기도합니다. 아멘

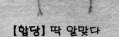

【합당】 딱 알맞다

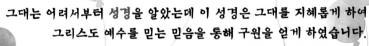

그대는 어려서부터 성경을 알았는데 이 성경은 그대를 지혜롭게 하여
그리스도 예수를 믿는 믿음을 통해 구원을 얻게 하였습니다.
- 쉬운성경 디모데후서 3:15

♡ 우리 기도해요!

"하나님, 성경책을 매일 읽는다고 하면서 또 안 읽었어요.
주님께서 생각나게 해주세요."
예수님의 이름으로 기도합니다. 아멘

【성경】 거룩한 하나님의 말씀을 기록한 책들

April

4월3일

무슨 일을 할 때 이기적이거나 교만한 마음을 갖지 말고
겸손한 마음으로 나보다 다른 사람을 더 **존중**해 주십시오.
- 쉬운성경 빌립보서 2:3

♡ 우리 기도해요!

"하나님, 나보다 다른 사람을 더 존중해주어야 하는데
동생이 이야기할 때 무시할 때가 많았어요.
하지만 이젠 동생을 더 존중해 줄래요.
저는 동생을 사랑하거든요."
예수님의 이름으로 기도합니다. 아멘

【존중】 높이어 귀중하게 대함

9월 28일

바울과 실라가 **간수**에게 말했습니다. "주 예수님을 믿으십시오.
그러면 당신과 당신의 집안이 구원을 얻을 것입니다."

– 쉬운성경 사도행전 16:31

♡ 우리 기도해요!

"바울과 실라는 정말 대단해요.
감옥에 갇혀서도 전도를 하니 말이에요.
저도 바울과 실라처럼 전도를 열심히 하는 어린이가 될래요."
예수님의 이름으로 기도합니다. 아멘

【간수】 '교도관(矯導官)'의 옛날 말

여호와는 사람의 생각을 아십니다.
사람의 생각들이 **바람결** 같다는 것을 아십니다.

\- 쉬운성경 시편 94:11

♡ 우리 기도해요!~

"저도 생각이 바람결처럼 흔들릴 때가 많아요.
하나님이 인도해주시지 않으면 안 돼요.
항상 저와 함께해주세요."
예수님의 이름으로 기도합니다. 아멘

【바람결】 일정한 방향으로 부는 바람의 움직임

그러므로 무엇을 먹을까? 무엇을 마실까? 혹은 무엇을 입을까? 하면서
걱정하지 마라. 이런 걱정은 이방 사람들이나 하는 것이다.
하늘에 계신 너희 아버지께서는 너희에게 이 모든 것이 필요한 줄을 아신다.

- 쉬운성경 마태복음 6:31, 32

♡ 우리 기도해요!

"하나님, 어린 제게 필요한 것이 무엇인지
다 아시고 주시니 감사해요.
하지만 가끔씩 감사할 줄 모르고
걱정을 했던 게 사실이에요.
그치만 오늘 말씀을 보고 다시 결심했어요.
하나님이 살아계시니 걱정하지 않기로 결심했어요."
예수님의 이름으로 기도합니다. 아멘

【이방】 인정, 풍속 따위가
전혀 다른 남의 나라

우리는 그리스도를 믿고 **의지함으로**
두려움 없이 자유롭게 하나님 앞에 나아갑니다.

- 쉬운성경 에베소서 3:12

♡ 우리 기도해요!

"하나님과 사람은 만날 수 없었지만
예수님 때문에 하나님과 만날 수 있게 되었대요.
정말 감사해요. 찬양을 받으세요."
예수님의 이름으로 기도합니다. 아멘

[의지함] 다른 것에 마음을 기대어 도움을 받음

네 마음을 다하여 여호와를 신뢰하고 절대로 네 슬기를 의지하지 마라.

- 쉬운성경 잠언 3:5

♡ 우리 기도해요!

"하나님, 하나님이 보이지 않으셔서
가끔씩 하나님이 안 계신 것처럼
행동할 때가 있었어요.
제 믿음이 부족한 거겠죠?
하나님을 의지할 수 있는 믿음을 주세요."
예수님의 이름으로 기도합니다. 아멘

【슬기】사리를 밝히고 잘 처리하여 가는 재능

우리는 하나님의 **동역자**요, 여러분은 하나님의 밭이며 하나님의 건물입니다.
- 쉬운성경 고린도전서 3:9

♡ 우리 기도해요!

"하나님, 제게 좋은 친구들을 주셔서 감사해요. 서로 아껴주고 사랑하며 사이좋게 지낼게요.
참, 아직 친해지지 않은 친구들도 많은데 제가 먼저 다가가서 주님의 사랑을 전할게요."
예수님의 이름으로 기도합니다. 아멘

【동역자】하나님이 주신 사명을 이루기 위해 동등한 입장에서 함께 일하는 사람

10월1일

비록 너희가 나쁜 사람이라 할지라도
자녀에게 좋은 것을 주려고 하는데,
하물며 하늘에 계신 너희 아버지께서
구하는 사람에게 좋은 것을 주시지 않겠느냐?
- 쉬운성경 마태복음 7:11

♡ 우리 기도해요!

"하나님 아버지,
제가 기도할 때 항상 좋은 것으로 주시니 감사해요.
아직 주님이 주시지 않은 것은 지금 제가
가지면 안 되는 것이니 주시지 않는 것을 알아요.
하지만 알면서도 하나님께 투정을 부릴 때가 많았어요. 용서해 주세요."
예수님의 이름으로 기도합니다. 아멘

[하물며] 이것도 이러한데 '더군다나'의 뜻으로 쓰이는 말

여러분이 만일 여러분의 입으로 '예수님은 주님이시다'라고 고백하고
또 마음으로, 하나님께서 그리스도를 죽은 자들 가운데서
다시 살리신 것을 믿으면 여러분은 구원을 얻을 것입니다.
여러분은 마음으로 믿어 **의롭다** 함을 얻으며 입으로 고백하여 구원을 얻습니다.

－ 쉬운성경 로마서 10:9,10

♡ 우리 기도해요!

"하나님, 예수님은 나의 주인이세요.
그리고 예수님이 나를 위해 십자가에
죽으셨다가 다시 살아나신 것을 믿어요.
이 믿음을 주님을 모르는 제 친구
00(이)도 알게 해주세요."
예수님의 이름으로 기도합니다. 아멘

【의롭다】 정의를 위한 적극적인 마음

10월 2일

누가 우리를 그리스도의 사랑에서 끊을 수 있겠습니까? 환난입니까?
아니면 어려움입니까? 핍박입니까? 그렇지 않으면 굶주림입니까?
헐벗음입니까? 위험입니까? 아니면 칼입니까?

- 쉬운성경 로마서 8:35

♡ 우리 기도해요!

"사랑의 하나님, 하나님의 사랑은 끝이 없대요.
하늘을 종이로 삼고 바닷물을 잉크로 이용해서
주님의 사랑을 적는다 해도 다 적을 수가 없대요.
그런 주님을 찬양해요.
저를 너무나도 많이 사랑해주시는 주님, 정말 감사해요."
예수님의 이름으로 기도합니다. 아멘

【핍박】 힘이나 권력 따위로 약한 사람을 괴롭히거나
　　　　해를 입히는 것

3월29일

이와 같이 여러분도 여러분 자신을 **죄**에 대해서는 죽은 사람으로,
하나님께 대해서는 그리스도 예수 안에서 살아 있는 사람으로 생각하십시오.

- 쉬운성경 로마서 6:11

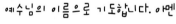 ♡ 우리 기도해요!

"하나님 아버지, 죄를 짓지 않는 것은 정말 힘든 일이지만
제가 언제나 주님과 함께한다면 죄를 짓지 않을 수 있을 것 같아요.
매일마다 성경말씀 읽고 기도하며 찬양하는 어린이가 될게요."
예수님의 이름으로 기도합니다. 아멘

[죄] 하느님의 계명을 어긴 행위

10월 3일

눈을 들어 하늘을 바라보아라. 누가 이것들을 창조하였느냐?
그분께서 모든 별들을 하나씩 이끌어 내시며 각각 그 이름대로 부르신다.
그분은 매우 강하시고 능력이 많으셔서 그 이름을 하나도 빠뜨리지 않으신다.

– 쉬운성경 이사야 40:26

♡ 우리 기도해요!

"우주에는 수많은 별이 있어요.
그리고 지금 제가 살고 있는 지구 보다
더 큰 별이 많이 있어요.
하나님은 얼마나 크고 대단한 분이신가요? 알고 싶어요."

예수님의 이름으로 기도합니다. 아멘

【창조】하나님께서 우주 만물을 지으신 것을 말함

우리는 우리를 사랑하신 하나님을 힘입어 이 모든 것을 이기고도 남습니다.

- 쉬운성경 로마서 8:37

♡ 우리 기도해요!

"하나님, 공부할 것도 많은데 놀고 싶을 때가 있어요.

공부를 끝내고 놀면 되는데 항상 저 자신과의 싸움에서 질 때가 많아요.

하나님께서 제게 힘을 주세요."

예수님의 이름으로 기도합니다. 아멘

【힘입어】 어떤 행동이나 말 따위에 용기를 얻다

10월4일

홍해를 둘로 나누셨던 그분께 감사하십시오. 그분의 사랑은 영원합니다.

- 쉬운성경 시편 136:13

♡ 우리 기도해요!

"모세와 이스라엘 백성이 홍해를 건넌 것을 주일학교에서 배웠어요.
직접 보지는 못했지만 주님 말씀을 믿어요.
하나님 정말 대단해요. 정말 멋지세요."

예수님의 이름으로 기도합니다. 아멘

【홍해】 아프리카와 아라비아 반도 사이에
위치한 바다로, 북쪽 끝은 두 줄기로
나뉘어져 동쪽은 아카바만, 서쪽은
수에즈만으로 되어 있다

3월27일

그분은 **교만**한 자를 비웃으시고 **겸손**한 자에게 은혜를 주신다.
- 쉬운성경 잠언 3:34

♡ 우리 기도해요!

"하나님, 하나님께서 보실 때 저는 교만한 아이인가요?

아니면 겸손한 아이인가요?

교만한 사람이 되기 싫은데

어떻게 하면 겸손한 사람이 될 수 있죠?

주님이 알려주세요."

예수님의 이름으로 기도합니다. 아멘

【교만】잘난 체하며 뽐내고 건방짐
【겸손】남을 존중하고 자기를 내세우지 않는 태도

여러분은 이 세상을 본받지 말고 마음을 새롭게 하여 변화를 받으십시오.
그러면 여러분은 하나님의 선하시고 기뻐하시고 온전하신 뜻이
무엇인지를 분별할 수 있게 될 것입니다.

- 쉬운성경 로마서 12:2

♡ 우리 기도해요!

"주님께 고백할 일이 있어요.
교회에 가지 않는 친구들이 일요일날 엄마 아빠와 놀이동산에 가고
집에서 TV를 보고, 게임도 하면서 노는 걸 보고 부러워했어요.
제가 교회에 안 가고 친구들처럼 놀러가면
주님이 마음 아파하시겠죠?
그럼 주님이 좋아하시는 일을 할게요."
예수님의 이름으로 기도합니다. 아멘

【분별】 서로 다른 일이나 사물을 구별하여 가름

돈이 여러분의 삶을 다스리지 않도록 하십시오.
가진 것에 만족하시기 바랍니다.
하나님께서는 "내가 결코 너를 떠나지 않겠다.
내가 결코 너를 잊지 않겠다"고 말씀하셨습니다.
- 쉬운성경 히브리서 13:5

♡ 우리 기도해요!

"돈보다 하나님을 더 사랑하는 제가 될래요.
돈이 있으면 먹고 싶은 것을 마음껏 먹을 수 있지만
그보다 더 소중한 것은 늘 저와 함께하시는 하나님이시니까요."
예수님의 이름으로 기도합니다. 아멘

【만족】 모자람이 없이 충분하고 넉넉함

여호와를 의지하는 사람은 새 힘을 얻으며
독수리가 하늘 높이 솟아오르듯 올라갈 수 있다.
그러한 사람은 뛰어도 지치지 않으며 걸어도 피곤하지 않을 것이다.
- 쉬운성경 이사야 40:31

♡ 우리 기도해요!

"독수리는 새들의 왕이에요.
하늘을 나는 모습은 정말 힘있고 멋있어 보여요.
그런데 하나님을 의지하는 사람도
독수리 같은 힘을 주신다고요?
와! 정말 감사해요."
예수님의 이름으로 기도합니다. 아멘

【피곤】 몸이나 마음이 지치어 고달픔

첫째로 모든 사람을 위해 **간구**하며 기도하십시오.
다른 사람을 위해 중보 기도하는 것을 잊지 말고 감사하는 마음을 가지십시오.
- 쉬운성경 디모데전서 2:1

♡ 우리 기도해요!

"하나님, 저는 그동안 저를 위해서만 기도했던 것 같아요.
하지만 이제부터는 다른 사람들을 위해서도
기도하는 어린이가 될래요.
오늘은 친구 OO(이)를 위해서 기도할게요."
예수님의 이름으로 기도합니다. 아멘

【간구】간절히 바라고 구함

여호와의 말씀이다. "오너라, 우리 서로 이야기해 보자.
너희 죄가 심하게 얼룩졌을지라도 눈처럼 깨끗해질 것이며
너희 죄가 진홍색처럼 붉을지라도 양털처럼 희어질 것이다."
- 쉬운성경 이사야 1:18

♡ 우리 기도해요!

"저도 죄인이었지만 예수님이 대신 십자가에 죽으시고 부활하셨어요.
그리고 그 사실을 믿기 때문에 저의 죄는 양털처럼 하얗게 없어졌어요.
주님 정말 감사해요."

예수님의 이름으로 기도합니다. 아멘

【진홍색】다홍색

3월 24일

여호와는 억눌린 자를 위해 정의롭고 공평한 일을 행하십니다.
그분은 그의 뜻을 모세에게 보이시고
그의 행동들을 이스라엘 백성에게 보이셨습니다.
– 쉬운성경 시편 103:6,7

 ♡ 우리 기도해요!

"이 세상에 억울하고 힘들게 살아가는 사람들이
너무나 많이 있대요.
그 사람들 모두 하나님의 축복을 받게 해주세요."
예수님의 이름으로 기도합니다. 아멘

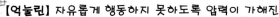

【억눌린】 자유롭게 행동하지 못하도록 압력이 가해진

10월 8일

여호와는 나의 힘이시며 방패이십니다.
내가 마음을 다해 주님을 믿으니 주님께서 나를 도와 주십니다.
내 마음이 기뻐 찬양하며 주님께 감사의 노래를 부릅니다.
- 쉬운성경 시편 28:7

♡ 우리 기도해요!

"하나님은 나의 힘이에요.
제가 힘들어할 때 약해질 때
하나님이 힘을 주시기 때문이에요.
하나님 정말 감사해요."
예수님의 이름으로 기도합니다. 아멘

【방패】 앞장세워 위험을 막아내기 위한 수단이나 그러한 사람

3월23일

자기가 가지고 있는 믿음에 따라 모든 음식을 먹는 사람이 있지만,
믿음이 약하여 채소만 먹는 사람도 있습니다.
- 쉬운성경 로마서 14:2

♡ 우리 기도해요!

"하나님, 어른은 모든 음식을 먹을 수 있지만
갓난아기는 우유만 먹을 수 있어요.
이처럼 믿음에도 단계가 있대요.
믿음이 약한 사람은 할 수 있는 일이 별로 없어요.
저는 믿음이 정말 커졌으면 좋겠어요.
그래서 하나님의 일을 많이 하고 싶어요."
예수님의 이름으로 기도합니다. 아멘

【채소】 밭에서 자라는 푸성귀, 야채

10월 9일

사람은 대답하는 말을 듣고 기쁨을 얻나니
적절하게 맞는 말을 하는 것이 얼마나 값진 일인가?
- 쉬운성경 잠언 15:23

♡ 우리 기도해요!

"주님, 오늘은 한글날이에요.
한글은 정말 위대한 문자래요.
세종대왕을 통해 한글을 만들어 주셔서 감사해요.
주님이 주신 말과 글을 선하게 사용하는 제가 될게요.
주님이 영광받아 주세요."
예수님의 이름으로 기도합니다. 아멘

【적절】 꼭 알맞다

3월22일

하나님께 가까이 나아오십시오.

그러면 하나님께서도 여러분을 가까이하실 것입니다.

여러분은 죄인입니다. 그러므로 여러분의 삶 가운데 죄를 깨끗이 씻으십시오.

여러분은 하나님과 세상을 동시에 좇으려고 하고 있습니다.

정결한 마음을 품기 바랍니다.

- 쉬운성경 야고보서 4:8

♡ 우리 기도해요!

"하나님, 술 먹고 담배피우면서 교회 다니는 사람은

정말이지 이해가 안 돼요. 저는 하나님만 따르는 자녀가 될래요."

예수님의 이름으로 기도합니다. 아멘

【정결한】 맑고 깨끗함

10월 10일

하나님의 명령을 지키는 사람은 하나님 안에서 살게 되고
하나님도 그 사람 안에 거하시게 됩니다.
하나님께서 우리 안에 거하신다는 사실을 어떻게 알 수 있습니까?
우리는 그것을 하나님께서 우리에게 주신 성령으로 알 수 있습니다.
- 쉬운성경 요한1서 3:24

♡ 우리 기도해요!

"하나님, 하나님의 명령은 생각해보니 어렵지 않아요.
남을 사랑하고, 믿지 않는 친구들에게
교회 가자고 이야기하는 것이에요.
하나님의 명령을 지키는 제가 될게요."
예수님의 이름으로 기도합니다. 아멘

【거하다】 일정한 곳에 머물러 살다

주님의 **눈동자**처럼 나를 지켜 주소서.
어미새가 날개 아래로 새끼들을 숨기듯이 나를 보호해 주소서.
- 쉬운성경 시편 17:8

♡ 우리 기도해요!

"하나님, 어미 새가 새끼를 감싸면
새끼는 정말 따뜻하고 행복할 것 같아요.
어미 새가 아기 새를 보호하듯이
하나님이 저를 보호해주세요."
예수님의 이름으로 기도합니다. 아멘

【눈동자】 눈의 동공을 의미한다

October

10월 11일

여러분은 하나님을 '아버지'라고 부르면서 기도합니다.
우리 아버지는 각 사람의 행동을 공평하게 판단하십니다.
그러므로 여러분은 이 세상에 사는 동안
하나님을 경외하며 살아야 할 것입니다.

– 쉬운성경 베드로전서 1:17

 ♡ 우리 기도해요!

"하나님, 하나님을 아버지라고 부를 수 있게 해주시니 감사해요.
그만큼 멀리 계시는 하나님이 아니라 사랑이 많으시고 가까이 계시는
하나님이신 것을 알아요. 하나님 아버지! 정말 사랑합니다."
예수님의 이름으로 기도합니다. 아멘

【경외】 주권자이신 하나님의 권위와 거룩함에 대해 피조물인 인간이
        공경하는 마음에서 갖게 되는 두려움

정직한 사람은 성실하여 형통하나 사기꾼은 자기 꾀로 말미암아 스스로 망한다.
- 쉬운성경 잠언 11:3

♡ 우리 기도해요!

"하나님, 사기꾼은 참 나빠요. 다른 사람을 속이니 말이에요.

하지만 그런 나쁜 사람들은 언젠가는 자기 꾀에 넘어가서 스스로 망한대요.

저는 남을 속이는 사기꾼이 되지 않게 해주세요."

예수님의 이름으로 기도합니다. 아멘

【형통】모든 일이 뜻대로 잘되어 감

10월 12일

의인은 신중히 대답하나 악인의 입은 악을 마구 토해 낸다.

- 쉬운성경 잠언 15:28

♡ 우리 기도해요!

"하나님, 말을 하다 보면 실수할 때가 너무 많아요.
속마음은 그렇지 않은데 말이에요.
독서를 많이 하면 말을 잘할 수 있대요.
앞으로 독서를 많이 해야겠어요."

예수님의 이름으로 기도합니다. 아멘

【신중】 매우 조심스러움

3월19일

선한 일을 하다가 낙심하지 말아야 합니다.
때가 이르면 영원한 생명을 거둘 것이므로 포기하지 말아야 합니다.
- 쉬운성경 갈라디아서 6:9

♡ 우리 기도해요!

"주님, 착한 일을 하고도 오해를 받아서 혼이 난 적이 있어요.
하지만 주님은 아시니 속상해 하지 않을게요.
주님이 저와 함께해주시니 정말 감사해요. 그리고 사랑해요."
예수님의 이름으로 기도합니다. 아멘

[낙심] 바라던 일이
이루어지지 않아 마음이 상함

10월 13일

지혜를 발견하고 총명을 얻는 자는 복이 있다.

- 쉬운성경 잠언 3:13

♡ 우리 기도해요!

"지혜의 하나님, 하나님께서 요셉에게 지혜를 주셔서
요셉이 총리가 되어 이집트를 잘 다스렸어요.
저도 요셉처럼 지혜로운 사람이 되고 싶어요.
어린 저에게도 지혜를 주세요."
예수님의 이름으로 기도합니다. 아멘

【총명】썩 영리하고 재주가 있음

주는 나의 **하나님**이십니다. 내가 주께 감사를 드릴 것입니다.
주는 나의 하나님이시니 내가 주를 높일 것입니다.
- 쉬운성경 시편 118:28

♡ 우리 기도해요!

"하나님, 주님을 찬양해요.
오늘은 주일학교에서 배운 율동으로
하나님을 찬양할게요.
하나님 영광 받으세요."
예수님의 이름으로 기도합니다. 아멘

【하나님】 초월적이고 인격적이며
영이신 분으로 오직 한 분이시다

October

10월 14일

그러므로 내가 말합니다. 성령을 따라 사십시오.
그러면 육체의 욕망을 따라 살지 않게 될 것입니다.

- 쉬운성경 갈라디아서 5:16

♡ 우리 기도해요!

"주님, 기쁜 일이 있을 때, 슬픈 일이 있을 때, 어떠한 순간이 다가와도
주님을 따르는 제가 될게요. 지켜봐 주세요."
예수님의 이름으로 기도합니다. 아멘

【욕망】 부족함을 느껴 무엇을 가지거나 누리고자 하는 마음

죄의 본성의 지배를 받는 사람의 생각은 죽음이지만,
성령의 지배를 받는 사람의 생각은 생명과 **평강**입니다.

- 쉬운성경 로마서 8:6

♡ 우리 기도해요!

"하나님 아버지, 저는 성령의 지배를 받고 사는 사람인가요?
아니면 죄의 지배를 받고 사는 사람인가요?
성령의 지배를 받으려면 말씀과 찬양, 기도로
하루하루를 살면 되는데 그게 안 될 때가 많아요.
주님이 저를 지켜주세요."
예수님의 이름으로 기도합니다. 아멘

【평강】 샬롬, 즉 평안함

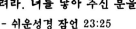

10월15일

네 부모를 즐겁게 해 드려라. 너를 낳아 주신 분을 기쁘게 해 드려라.

- 쉬운성경 잠언 23:25

♡ 우리 기도해요!

"하나님 아버지, 아빠 엄마를 제게 주셔서 정말 감사해요.

때로는 저를 야단칠 때도 있지만 모두 다 제가 잘되게 하기 위해서래요.

하나님 말씀처럼 부모님을 기쁘게 하는 제가 될게요."

예수님의 이름으로 기도합니다. 아멘

【부모】 아버지와 어머니

너희가 온전한 마음으로 나를 찾고 찾으면 나를 만날 것이다.

- 쉬운성경 예레미야 29:13

♡ 우 리 기 도 해 요 !

"하나님, 저도 하나님을 만나고 싶어요.
온전한 마음으로 하나님을 찾으면 만날 수 있다고요?
주님 저를 만나주세요."

예수님의 이름으로 기도합니다. 아멘

【온전한】 깨지거나 빠진 것 없이 고스란히 그대로인 상태

우리 주께서 여러분의 마음을 인도하셔서 하나님의 사랑과
그리스도의 인내를 잘 깨닫게 하시기를 기도합니다.

- 쉬운성경 데살로니가후서 3:5

♡ 우리 기도해요!

"사랑의 하나님,

하나님은 항상 저를 사랑하고 계신다는 사실을 알아요.

하지만 알면서도 그 사실을 잊고 살아갈 때가 너무나 많아요.

주님이 저를 인도해주세요. 그래서 하나님께서

항상 저를 사랑한다는 사실을 잊지 않게 해주세요."

예수님의 이름으로 기도합니다. 아멘

【인내】 괴로움이나 어려움을 참고 견딤

너희가 내 이름을 부르고 내게 와서 기도하면 내가 너희의 기도를 들어 주겠다.

- 쉬운성경 예레미야 29:12

♡ 우리 기도해요!

"기도를 들어주시는 하나님, 힘든 일이 있을 때 짜증내고
불평을 먼저 했던 저를 용서해 주세요. 앞으로 기도 먼저 할게요.
또 기쁜 일이 있을 때 주님을 찬양할게요."
예수님의 이름으로 기도합니다. 아멘

【기도】 하나님과 성도간의 교제, 대화를 말함

10월 17일

여호와의 말씀이다. "나 여호와가 의로운 일을 하려고 너를 불렀다.
내가 네 손을 붙들고 너를 지켜 주겠다.
너는 내가 백성과 맺은 언약의 표적이 되고 민족들을 비추는 빛이 될 것이다."

- 쉬운성경 이사야 42:6

♡ 우리 기도해요!

"하나님, 저도 이 말씀을 믿어요.
하나님의 큰 일꾼으로 살고 싶어요.
제게도 하나님의 일을 할 수 있도록
힘을 주세요."
예수님의 이름으로 기도합니다. 아멘

【표적】 목표로 삼는 물건

3월 14일

여러분 가운데 **고난** 당하는 사람이 있다면 기도하십시오.
즐거운 사람이 있다면 찬송하십시오.
- 쉬운성경 야고보서 5:13

♡ 우리 기도해요!

"하나님, 힘든 일이 있을 때
마냥 슬퍼하지 않고 이젠 기도할래요.
그리고 기쁜 일이 있을 땐 찬송을 부를래요."
예수님의 이름으로 기도합니다. 아멘

【고난】 괴로움과 어려움 혹은 정신적이거나
          육체적인 고통

10월18일

하나님께서는 우리를 구원해 주시고 그분의 거룩한 백성으로 삼으셨습니다.
이것은 우리가 무언가 큰 일을 해서가 아니라 그분이 원하셔서
그분의 은혜로 된 것입니다. 그 은혜는 세상이 시작되기 전에
예수 그리스도를 통해 우리에게 이미 주어졌습니다.

　　　　- 쉬운성경 디모데후서 1:9

♡ 우리 기도해요!

"사랑의 주님, 저를 예수님을 통해 구원해 주셔서 정말 감사해요.
저는 구원받기 위해 아무것도 한 일이 없어요. 하나님을 믿은 것뿐인데
영원히 천국에서 살 수 있는 축복을 주셔서 정말 감사해요."
예수님의 이름으로 기도합니다. 아멘

【은혜】 조건 없는 하나님의 사랑으로 하나님의 가장 대표적인 성품 중 하나

예수님께서 모두에게 말씀하셨습니다. "누구든지 나를 따라오려거든 자기를 **부인**하고 매일 자기 십자가를 지고 나를 따르라."

   — 쉬운성경 마태복음 16:24

♡ 우리 기도해요!

"예수님, 베드로는 배와 그물 그리고
엄청나게 많은 고기를 버리고 예수님을 쫓아갔어요.
그는 고기를 팔아서 돈을 벌 생각도 안했어요.
그토록 예수님을 따라가고 싶었나봐요.
저도 예수님이 정말 좋아요.
아마 제가 베드로였더라도 똑같이 했을 거예요."
예수님의 이름으로 기도합니다. 아멘

[부인] 인정하지 않음

**지식이 있는 사람은 말을 신중히 사용하고,
명철한 사람은 감정을 잘 조절한다.**
- 쉬운성경 잠언 17:27

♡ 우리 기도해요!

"사랑의 하나님, 말을 조심해야 하는데
○○에게 또 말 실수를 했어요.
○○의 마음을 풀어주세요.
앞으로는 신중하게 말하는 사람이 될게요."
예수님의 이름으로 기도합니다. 아멘

【명철】 총명하고 사리에 밝은 것

3월 12일

내가 주께 감사드릴 것입니다.

주께서 내게 대답하셨고 주는 나의 **구원**이 되셨습니다.

– 쉬운성경 시편 118:21

♡ 우리 기도해요!

"하나님, 정말 감사해요. 저를 구원해주셨으니 말이에요.

원래 저는 죄인이었어요. 예수님을 몰랐다면

저는 지옥에 가야할 사람이었지만 이제는 아니에요."

예수님의 이름으로 기도합니다. 아멘

【구원】 인류를 죽음과 고통과 죄악에서 건져 내는 일

고난당하는 것이 내게는 좋았습니다.
그 때문에 나는 주의 법령들을 배우게 되었습니다.
- 쉬운성경 시편 119:71

♡ 우리 기도해요!

"주님, 힘든 일이 다가와도 기죽지 않고 하나님의 뜻에 따르는 제가 되게 해주세요."
예수님의 이름으로 기도합니다. 아멘

【법령】 법률과 명령을 함께 이르는 말

여호와여, 주의 **교훈**을 받는 자는 행복한 사람입니다.
주의 법으로 가르침을 받는 자는 행복한 사람입니다.
- 쉬운성경 시편 94:12

♡ 우 리 기 도 해 요 !

"하나님, 저는 참 행복한 사람이에요.
하나님 말씀을 배우고 하나님의 교훈을 배우니까요.
제게 성경말씀을 주셔서 정말 감사해요."
예수님의 이름으로 기도합니다. 아멘

【교훈】 가르치고 이끌며 깨우치는 일, 이스라엘 백성은
교훈의 근원을 하나님으로 생각함

10월21일

그러나 나는 너희에게 말한다. 너희의 원수를 사랑하여라.
너희를 박해하는 사람들을 위해 기도하여라.
- 쉬운성경 마태복음 5:44

♡ 우리 기도해요!

"하나님께서는 원수를 사랑하라고 하셨는데 저는 그게 참 어려워요.
사랑할 수 있게 사랑의 마음을 주세요."
예수님의 이름으로 기도합니다. 아멘

【박해】 못살게 굴어서 해롭게 함

3월 10일

산들이 사라지고 언덕들이 옮겨진다 하더라도
너에 대한 나의 사랑은 절대로 변하지 않는다.
내 평화의 약속은 없어지지 않는다.
너에게 **자비**를 베푸는 여호와의 말씀이다.

- 쉬운성경 이사야 54:10

♡ 우리 기도해요!

"산이 사라지려면 수백 년 수천 년이 걸리는데
그때까지도 하나님은 나를 사랑하신다고요?
와~ 정말 감사해요. 저도 영원히 주님을 사랑할게요."
예수님의 이름으로 기도합니다. 아멘

[자비] 무력하고 도움이 필요한 사람을 사랑하고 불쌍히 여기는 마음

그러자 룻이 말했습니다.

"저더러 어머니를 떠나라고 하거나 어머니 뒤를 따르지 말라고 하지 마십시오.
저는 어머니가 가시는 곳에 따라가고 어머니가 사시는 곳에서 살겠습니다.
어머니의 백성이 제 백성이고 어머니의 하나님이 제 하나님이십니다."

- 쉬운성경 룻기 1:16

♡ 우리 기도해요!

"하나님, 제게 소중한 부모님을 주셔서 감사합니다.
룻과 같이 부모님을 사랑하는
자녀가 되게 해주세요."

예수님의 이름으로 기도합니다. 아멘

【백성】 나라의 근본을 이루는 일반 국민의 옛날 표현

3월 9일

진실한 사랑이란 하나님을 향한 우리의 사랑이 아니라
우리를 향한 하나님의 사랑인 것입니다.
하나님은 당신의 아들을 보내셔서 우리의 죄를 위해
화목 제물이 되게 하셨습니다.
- 쉬운성경 요한일서 4:10

♡ 우리 기도해요!

"주님, 어떻게 그 십자가에서 고통을 이겨내셨나요?
저를 위해 채찍질과 매질에 아무 말도 하지 않으셨죠.
왜 저같은 어린아이를 위해서 돌아가셨나요?"
예수님의 이름으로 기도합니다. 아멘

[화목] 하나님과 사람 또는 사람들 간에
조화롭게 되고 관계가 회복되는 것

10월 23일

여러분은 빛의 아들들이며 낮에 속한 사람들입니다.
우리는 결코 어두움과 밤에 속한 사람들이 아닙니다.
- 쉬운성경 데살로니가전서 5:5

♡ 우리 기도해요!

"주님, 저는 빛의 아들이에요.
그리고 살아계신 하나님의 아들이에요.
이 사실만 생각하면 정말 기뻐요.
하나님 정말 감사해요. 주님을 찬양해요."
예수님의 이름으로 기도합니다. 아멘

【빛】 하나님께서 첫째 날 만드신 창조물이며
성경에서는 생명의 원천, 구원과 행복으로 그려짐

3월8일

여호와를 경외하는 것이 지식의 시작이지만
어리석은 자들은 지혜와 교훈을 멸시한다.
- 쉬운성경 잠언 1:7

♡ 우리 기도해요!

"하나님, 하나님을 사랑하고 하나님 말씀에 순종하면
슬기롭고 지혜로운 사람이 된대요.
저도 주님을 사랑하는 주님의 소중한 자녀니까
지혜로운 사람이 되겠죠?
그럼 앞으로 기대할게요."
예수님의 이름으로 기도합니다. 아멘

【멸시】 업신여기거나 하찮게 여겨 깔봄

10월24일

나는 주의 변함없는 사랑을 믿습니다.
내 마음이 주님의 **구원**을 기뻐합니다.
- 쉬운성경 시편 13:5

♡ 우 리 기 도 해 요!

"하나님, 하나님의 사랑은 변하지 않아요.
제가 잘 하든지 못 하든지
여전히 저를 사랑해주시는 것을 알아요. 감사해요."
예수님의 이름으로 기도합니다. 아멘

【구원】 인류를 죽음과 고통과 죄악에서 건져 내는 일

여호와여, 주께서 하신 일이 얼마나 많은지요!
주는 지혜로 이 모든 것들을 만드셨습니다.
이 땅에 주가 지으신 것들로 가득 차 있습니다.
- 쉬운성경 시편 104:24

♡ 우리 기도해요!

"책에서 보면 신기한 동물과 식물이 많이 있어요.
모두 다 하나님이 만드신 거죠.
어떤 동물은 보고 있으면 웃음이 나와요.
아마 하나님도 재미있으신 분인 것 같아요."

예수님의 이름으로 기도합니다. 아멘

【여호와여】 구약에서 하나님을 부르는 대표적인 이름

10월 25일

그들이 부르기도 전에 내가 대답하겠고
그들이 미쳐 말을 마치기도 전에 내가 들어 주겠다.
- 쉬운성경 이사야 65:24

♡ 우리 기도해요!

"하나님 정말 감사해요.
주님이 계시니 저는 정말 행복해요.
주님이 저의 기도를 들어주시기 때문이에요.
앞으로도 계속 저와 함께해 주실 거죠?"
예수님의 이름으로 기도합니다. 아멘

[미쳐] [못하다, 않다, 없다, 모르다 따위의
부정어와 함께 쓰여] 아직 거기까지 미치도록

하나님은 사람이 아니시니 거짓말을 하지 않으신다.
하나님은 인간이 아니시니 마음을 바꾸지 않으신다.
하나님은 말씀하신 것은 **이루시며** 약속하신 것은 지키신다.
　- 쉬운성경 민수기 23:19

♡ 우리 기도해요!

"살아계신 하나님,
하나님은 거짓말을 하지 않으세요.
약속한 것은 모두 지키시는 분이세요.
음.. 하나님 오늘 저와 약속해요.
어떤 약속이냐고요? 영원히 저를 사랑해주세요.
저도 하나님을 영원히 사랑할게요. 약속!!"
예수님의 이름으로 기도합니다. 아멘

【이루시며】 뜻한 대로 되게 함

10월 26일

먼저 아버지의 나라와 아버지의 의를 구하여라.
그러면 이 모든 것들이 너희에게 덤으로 주어질 것이다.
- 쉬운성경 마태복음 6:33

♡ 우리 기도해요!

"하나님, 온 세상 모든 사람들이 복음을 믿고
하나님을 섬기는 나라가 하루 빨리 오게 해주세요.
세상 모든 사람들이 함께 하나님을 찬양하고
예배하는 때가 오면 얼마나 좋을까요? 정말 기대돼요."

예수님의 이름으로 기도합니다. 아멘

【덤】제 값어치 외에 거저로
조금 더 얹어 주는 일

3월 5일

나는 확신합니다.

죽음이나 생명이나, 천사들이나 하늘의 권세자들이나 현재 일이나 장래 일이나,
어떤 힘이나, 가장 높은 것이나 깊은 것이나, 그 밖의 어떤 피조물이라도
우리를 우리 주 그리스도 예수 안에 있는 하나님의 사랑에서 끊을 수 없습니다.

- 쉬운성경 로마서 8:39

♡ 우리 기도해요!

"사랑의 하나님, 이 세상 그 어떤 것도
하나님과 저의 사랑을 끊을 수 없어요.
그 이유는 저도 하나님을 사랑하지만
하나님의 끝을 알 수 없는 사랑이
저를 향해 있기 때문이에요. 정말 감사해요."
예수님의 이름으로 기도합니다. 아멘

【권세자】 남을 복종하게 하는 힘을 가진 자
【피조물】 하나님께서 만드신 모든 것

10월 27일

하나님께서는 여러분 안에서
하나님이 기뻐하시는 일을 할 수 있도록 돕고 계십니다.
또한 하나님은 할 수 있는 힘과 능력을 여러분에게 **공급**해 주실 것입니다.
무슨 일을 하든지 불평하거나 다투지 마십시오.

- 쉬운성경 빌립보서 2:13,14

♡ 우리 기도해요!

"하나님, 밥을 먹을 때 제가 좋아하는 반찬이 없으면 불평했어요.
그리고 음식이 너무 뜨거워도 불평했고요.
엄마가 정성껏 만들어준 음식인데
불평을 했어요. 고치도록 노력할게요.
그리고 뭐든지 잘 먹을게요."

예수님의 이름으로 기도합니다. 아멘

【공급】 요구나 필요에 따라
물품 따위를 제공함

모든 수고는 **이득**을 가져오나 말로만 하면 가난해질 뿐이다.
- 쉬운성경 잠언 14:23

♡ 우리 기도해요!

"주님, 저는 항상, 잘하겠습니다! 잘하겠습니다!
하면서 하나도 나아지는 게 없어요.
말뿐인 제가 되지 않게 해주세요.
이제부터는 주님께서 저를 다스려 주세요."
예수님의 이름으로 기도합니다. 아멘

【이득】 이익을 얻음 또는 그 이익

10월28일

죄의 대가는 죽음이지만, 하나님의 선물은
우리 주 예수 그리스도 안에 있는 영생입니다.

　　　 - 쉬운성경 로마서 6:23

♡ 우리 기도해요!

"사랑의 주님, 어린 저에게 아주 큰 선물을 주셔서 감사해요.
바로 천국에서 영원히 살 수 있는 선물이에요.
저도 하나님께 선물을 준비할게요.
뭐냐면요 바로 저예요.
저를 통해 영광 받으세요."
예수님의 이름으로 기도합니다. 아멘

【영생】예수를 믿고 그 가르침을 행함으로써
　　　　천국에서 영원히 삶

예수님께서 마을이든 읍내이든 농촌이든
어디에 가시든지 사람들은 병자들을 시장에 데려다 놓고
예수님의 옷깃이라도 만질 수 있도록 간청했습니다.
예수님을 만진 사람들은 모두 병이 나았습니다.

- 쉬운성경 마가복음 6:56

♡ 우리 기도해요!

"예수님은 정말 능력이 대단하신 분이세요.
예수님을 만지기만 해도 병이 나았으니 말이에요.
이게 다 살아계신 하나님의 아들이기에 가능한 일이에요.
저도 예수님을 만나고 싶어요."
예수님의 이름으로 기도합니다. 아멘

【간청】 간절히 부탁함

10월 29일

여러분이 하는 모든 일을 참고 견디어
조금도 부족함이 없는 완전하고 성숙한 사람이 되십시오.
- 쉬운성경 야고보서 1:4

♡ 우리 기도해요!

"하나님, 어떤 일을 하든지 잘 참고 이겨내는 사람이 되게 해주세요.
그래서 예수님을 닮은 멋진 제가 되게 해주세요."
예수님의 이름으로 기도합니다. 아멘

【성숙】 경험이나 습관을 쌓아 익숙해짐

3월2일

인내를 가지고 하나님께서 원하시는 일을 해서
그분께서 약속하신 것을 받으시기 바랍니다.
- 쉬운성경 히브리서 10:36

♡ 우리 기도해요!

"사랑의 하나님, 새 학기가 시작되었습니다.
열심히 공부하고 선생님의 말씀을 잘 듣는 제가 되게 해주세요."
예수님의 이름으로 기도합니다. 아멘

【인내】 괴로움이나 어려움을 참고 견딤

주는 불쌍히 여기시며 은혜를 베푸시는 하나님이십니다.
쉽게 화를 내지 않으시고 사랑과 **진실**하심이 풍성하신 분이십니다.
- 쉬운성경 시편 86:15

♡ 우리 기도해요!

"저는 때때로 요나처럼 하나님 말씀을 어길 때도 있고
베드로처럼 하나님을 모른다고 할 때도 있는데
하나님은 항상 저를 사랑해주니 감사합니다."
예수님의 이름으로 기도합니다. 아멘

【진실】 거짓이 없이 참되고 바름

여호와를 자기 하나님으로 모신 나라는 행복한 나라입니다.
하나님께서 자기 백성으로 삼으신 **민족**은 행복한 민족입니다.
- 쉬운성경 시편 33:12

♡ 우 리 기 도 해 요!

"하나님, 저를 대한민국에 태어나게 해주셔서 감사드립니다.
이 나라가 하나님을 온전히 섬기는 나라가 되게 해주세요."
예수님의 이름으로 기도합니다. 아멘

【민족】 같은 지역에서 오랫동안 생활을 함으로써
언어나 풍습 등 문화 내용을 함께하는 인간 집단

10월31일

내가 너희에게 평안을 남긴다. 곧 나의 평안을 너희에게 준다.
내가 너희에게 주는 평안은 세상이 주는 것과 같지 않다.
너희는 마음에 **근심**하지도 말고 두려워하지도 마라.
- 쉬운성경 요한복음 14:27

♡ 우리 기도해요!

"예수님 정말 감사해요. 평안을 제게 주셨잖아요.
아무리 힘들고 어려운 일이 있어도
제 마음이 항상 평안하게 해주셔서 감사해요."
예수님의 이름으로 기도합니다. 아멘

【근심】 해결되지 않은 일 때문에
속을 태우거나 우울해함

이제 내가 가만히 있지 않고 주님을 노래하겠습니다.
여호와 나의 하나님이여, 내가 주님을 언제까지나 찬양하겠습니다.
- 쉬운성경 시편 30:12

♡ 우리 기도해요!

"하나님을 찬양해요. 가만히 있지 않겠어요.
기도가 끝난 후 주일학교에서 배운 찬송을 부를게요. 주님 받아주세요."
예수님의 이름으로 기도합니다. 아멘

【찬양】 하나님께 감사와 영광을 올리는 노래나 음악을 연주하는 것

11월 1일

내가 복음을 전하는 일 때문에 고난을 받지만
이에 대해 조금도 부끄러워하지 않습니다.
그것은 내가 지금까지 믿어 온 한 분,
예수 그리스도를 잘 알고 있기 때문입니다.
또 주님은 내게 맡기신 것을 세상 끝날까지
안전하게 지키실 것이라고 확실히 믿기 때문입니다.

- 쉬운성경 디모데후서 1:12

♡ 우리 기도해요!

"하나님, 사도바울은 복음을 전하다가 감옥에 갇히고
수많은 사람 앞에서 매도 수없이 맞았대요.
하지만 바울은 그것에 대해 부끄러워하지 않았고 오히려 담대했어요.
저도 바울처럼 복음 전하는 일을 부끄러워하지 않을게요."
예수님의 이름으로 기도합니다. 아멘

[복음] 하나님께서 인간의 구원을 위해 예수 그리스도를 통해 알려주신 기쁜 소식

February

2월27일

우리가 온종일 하나님을 자랑합니다.
하나님의 이름을 영원히 찬양하겠습니다. (셀라)

- 쉬운성경 시편 44:8

♡ 우리 기도해요!

"하나님, 저도 하나님을 자랑할래요.
하나님이 어떤 분이신지 친구들과 선생님
그리고 주변 사람들에게 자랑하고 싶어요."
예수님의 이름으로 기도합니다. 아멘

【셀라】시편 등에 나오는 음악용어로
'높임' '중지'라는 뜻으로 쓰임

부드러운 말은 송이 꿀과 같아서 영혼에 달며 뼈를 **치료**한다.
- 쉬운성경 잠언 16:24

♡ 우 리 기 도 해 요 !

"주님, 부드러운 말은 꿀송이 같다고 하셨죠?
저 또한 어딜 가든지 부드러운 말만 하게 해주세요."
예수님의 이름으로 기도합니다. 아멘

[치료] 병이나 상처 따위를 잘 다스려 낫게 함

2월 26일

너희가 믿고 기도로 구하는 것은 모두 받을 것이다.

- 쉬운성경 마태복음 21:22

♡ 우리 기도해요!

"하나님, 정말 감사해요.

믿음으로 기도하는 것은 다 들어주시니 말이에요.

하지만 저는 기도할 때, 정말 들어주실까, 하는 의심이 생길 때가 있어요.

믿음이 정말 강해졌으면 좋겠어요."

예수님의 이름으로 기도합니다. 아멘

【구하는】 필요한 것을 청하거나 찾거나 얻다

미련한 자는 남의 말을 곧이곧대로 듣지만, 슬기로운 사람은 신중하게 행동한다.
- 쉬운성경 잠언 14:15

♡ 우 리 기 도 해 요!

"하나님, 무슨 일을 하든지
생각하고 행동하는 사람이 되고 싶어요.
그런 사람이 오늘 주님이 말씀하신 것처럼
슬기로운 사람이죠?
저도 슬기로운 어린이가 될래요."
예수님의 이름으로 기도합니다. 아멘

【슬기로운】 사물의 이치를 밝혀 시비를 가리고
                사물을 정확하게 처리해 내는

2월 25일

여러분의 몸은 하나님께 받은 것이며
여러분 안에 거하시는 성령의 성전이라는 사실을 알지 못하십니까?
여러분은 여러분 자신의 것이 아닙니다.

- 쉬운성경 고린도전서 6:19

♡ 우리 기도해요!

"주님, 날마다 하나님이 주신 음식을 골고루 먹어서
주님이 주신 제 몸을 건강하게 해야 하는데
맛있는 것만 골라서 먹고
때로는 반찬 투정까지 해서 정말 죄송해요.
앞으로는 이것 저것 다 잘 먹을게요."
예수님의 이름으로 기도합니다. 아멘

【성령】 하나님의 영
【성전】 신성한 집이라는 뜻으로 하나님께
         예배 드리기 위해 세운 건물

말씀을 통해 하나님을 바르게 섬기는 자로 준비하게 되고
모든 좋은 일을 할 수 있는 사람으로 자라게 됩니다.

　　- 쉬운성경 디모데후서 3:17

♡ 우리 기도해요!

"하나님, 그러고 보니
며칠 동안 성경말씀을 보지 않았어요.
말씀을 보고 말씀대로 사는 사람이
하나님을 바르게 섬기는 사람인데 말이에요.
정말 죄송해요. 오늘부터 말씀을 다시 볼게요."
예수님의 이름으로 기도합니다. 아멘

【말씀】 하나님이 자신의 계획과 목적을
인간에게 알리고 그것을
성취시키는 데 쓴 수단

여러분은 모든 말과 행동을 우리 주 예수님을 위해 하는 것처럼 해야 합니다.
하나님 아버지께 이 모든 것으로 **말미암아** 감사를 드리기 바랍니다.
  - 쉬운성경 골로새서 3:17

♡ 우리 기도해요!

"주님, 오늘 귀한 말씀을 주셔서 감사해요.
모든 사람을 대할 때 예수님께 하는 것처럼 대하면
모두가 기분도 좋아지고 행복해질 것 같아요.
싸울 일도 없고 모두가 사랑하며 살 수 있겠죠?"
예수님의 이름으로 기도합니다. 아멘

【말미암아】 어떤 현상이나 사물 따위가 원인이나 이유가 되는 것

11월 5일

여러분도 인내심을 갖고 희망을 버리지 마십시오.
주님께서 곧 오실 것입니다.

- 쉬운성경 야고보서 5:8

♡ 우리 기도해요!

하나님, 끝까지 포기하지 않고
희망을 갖는 것은 참 멋진 일이에요.
주님이 다시 오시는 날까지 뭐든지 열심히 할게요.
예수님의 이름으로 기도합니다. 아멘

【인내심】 괴로움이나 어려움을 참고 견디는 마음

2월23일

생명의 말씀을 굳게 붙드십시오.
그리하면 그리스도께서 다시 오시는 날에 내 **수고**가 헛되지 않고
열심히 달려온 내 삶이 승리로 가득하여 기뻐하고 또 기뻐할 것입니다.

　　　- 쉬운성경 빌립보서 2:16

♡ 우리 기도해요!

"하나님의 말씀인 성경책을 매일같이 보고 믿으면
제 삶이 승리로 가득하게 되는 것을 믿어요.
그런데 성경을 읽지 않을 때가 많아요.
하루에 조금씩이라도 읽을게요."
예수님의 이름으로 기도합니다. 아멘

[수고] 일을 하느라고 힘을 들이고 애를 씀 또는 그런 어려움

그리스도를 통해 평안을 누리고, 유대인과 이방인이
그리스도 안에서 하나가 되었습니다.
이전에는 마치 둘 사이에 벽이 가로놓여 있는 것 같았으나
예수 그리스도는 자신의 몸을 내어 주심으로써
그 미움의 벽을 허물어뜨리셨습니다.
- 쉬운성경 에베소서 2:14

♡ 우리 기도해요!

"하나님, 친구들과 사이좋게 지내야 하는데
얼마전에도 싸웠어요.
친구 마음을 아프게 하면 안 되는데
저도 잘못했어요. 용서해주세요."
예수님의 이름으로 기도합니다. 아멘

【유대인】 하나님이 선택하신 이스라엘 백성

2월22일

가장 높으신 분의 **피난처**에 사는 사람은
전능하신 하나님의 그늘 밑에서 편안히 쉬게 될 것입니다.
　　　- 쉬운성경 시편 91:1

♡ 우 리 기 도 해 요 !

"요즘엔 무서운 아저씨들이 많아서
밖에 혼자 나가기가 두려울 때가 많아요.
하지만 무엇이든 하실 수 있는 주님이
저를 지켜주시니 이젠 두렵지 않아요."
예수님의 이름으로 기도합니다. 아멘

【피난처】 피난하는 곳, 성경에서는 인간을
보호하시는 하나님을 가리킴

 11월7일

여호와의 약속에 따라 나를 살려 주시면 내가 살 수 있을 것입니다.
나의 소망들이 깨어지지 않게 해 주소서.

　　　- 쉬운성경 시편 119:116

♡ 우리 기도해요!

"하나님, 소망이 있어요.
모세와 요셉처럼 하나님을 위해 사는 사람이 되는 거예요.
이 소망이 깨어지지 않았으면 좋겠어요."
예수님의 이름으로 기도합니다. 아멘

【소망】 가장 좋은 일에 대해 기대하는 것

2월21일

악에게 지지 말고 선으로 악을 이기십시오
- 쉬운성경 로마서 12:21

♡ 우리 기도해요!

"나쁜 친구들한테 똑같이 나쁘게 대하는 것이 지는 거라고요?
하지만 친절하게 대하기가 정말 어려워요.
선으로 악을 이길 수 있게 주님이 도와 주실 거죠?"
예수님의 이름으로 기도합니다. 아멘

【악】 하나님의 목적에 반대되는 것,
　　　 도리에 어긋나는 못되고 나쁜 것

11월8일

무엇보다 네 마음을 지켜라.
이는 생명의 **근원**이 마음에서부터 흘러 나오기 때문이다.
- 쉬운성경 잠언 4:23

♡ 우리 기도해요!

"주님, 예수님의 마음을 제게 주세요.
어떠한 순간이 와도 주님의 뜻대로 생각할 수 있게 예수님의 마음을 주세요."
예수님의 이름으로 기도합니다. 아멘

【근원】 사물이 비롯되는 근본이나 원인

이처럼 성령께서는 우리의 약함을 도와 주십니다.
우리는 무엇을 기도해야 하는지도 모르지만 성령께서는 말로 다 표현할 수 없는
간절함으로 우리를 위해 **중보** 기도를 하십니다.

- 쉬운성경 로마서 8:26

♡ 우리 기도해요!

"성령님, 제 안에 살아계신 성령님,
정말 감사해요. 저를 위해 항상 기도하시니 말이에요.
성령님의 인도대로 살아가는 제가 되게 해주세요."

예수님의 이름으로 기도합니다. 아멘

【중보】 두 사람 사이에서 일이 이루어지도록 도와주는 사람,
성경에서는 하나님과 죄인된 사람 사이의 관계를
회복하게 하는 것을 의미함

11월 9일

그러므로 하나님의 전능하신 손 아래 자신을 낮추십시오.
그러면 하나님께서는 때가 이를 때에 여러분을 높이실 것입니다.
— 쉬운성경 베드로전서 5:6

♡ 우리 기도해요!

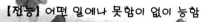

"하나님은 무엇이든지 다 하실 수 있는 전능하신 분이세요.
그런 하나님이 저를 높이신다구요? 와~! 정말 기대돼요.
그치만 오늘 말씀처럼 겸손한 사람이 될게요."
예수님의 이름으로 기도합니다. 아멘

【전능】 어떤 일에나 못함이 없이 능함

좁은 문으로 들어가거라.
멸망으로 가는 문은 넓고 그 길이 쉬워 많은 사람들이 그 곳으로 들어간다.
그러나 생명으로 가는 문은 작고 그 길이 매우 좁아 그 곳을 찾는 사람이 적다.
- 쉬운성경 마태복음 7:13,14

♡ 우리 기도해요!

"하나님, 먼 곳에서 복음을 전하는 선교사님들은 정말 대단해요.
마실 물도 없고 무서운 병도 많은 무더운 나라에서
하나님을 전하고 있으니까요.
그렇게 사는 것이 바로 좁은 문으로 가는 길이겠죠?
저도 크면 그렇게 할 수 있을까요?"
예수님의 이름으로 기도합니다. 아멘

【멸망】 망하여 없어짐

사랑은 거짓이 없어야 합니다. 악을 미워하고 선을 굳게 붙드십시오.

- 쉬운성경 로마서 12:9

♡ 우리 기도해요!

"하나님 아버지,

하나님께서 가장 싫어하시는 것은 죄와 악이죠?

그렇다면 이제부터 죄를 짓지 않고

악에서부터 멀어지는 제가 될래요.

저는 하나님이 기뻐하시는 일만 하는 어린이거든요."

예수님의 이름으로 기도합니다. 아멘

【거짓】 사실과 어긋남,
　　　　또는 사실이 아닌 것을 사실처럼 꾸밈

2월 18일

그리스도 안에서 한 형제로 서로서로 사랑하십시오.

나그네를 대접하는 일을 잊지 말기 바랍니다.

어떤 사람들은 나그네를 대접하다가

자기도 모르는 사이에 천사를 대접하였습니다.

- 쉬운성경 히브리서 13:1, 2

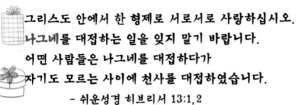

♡ 우리 기도해요!

"가끔 길거리에 나가 보면 불쌍한 노숙자나 거지들이 있어요.

왜 저러고 있을까 하는 생각만 했지 기도를 하지 않았던 것 같아요.

이제 그분들을 보게 되면 기도해야겠어요. 주님이 지켜봐 주세요."

예수님의 이름으로 기도합니다. 아멘

[나그네] 천국에 소망을 두고 이 세상을 살아가는 성도를 말함

11월 11일

모욕을 갚지 않는 것은 사랑을 구하는 것이지만
지난 일을 자꾸 끄집어 내면 친구도 원수가 된다.
- 쉬운성경 잠언 17:9

♡ 우리 기도해요!

"하나님, OO(이)가 저한테 잘못한 일을
다른 친구들한테 말하고 다녔어요.
속상해서 그런 건데 제가 잘못한 거죠? 이런 저를 용서해주세요.
이제부터는 친구의 장점만 말하는 제가 되게 해주세요."
예수님의 이름으로 기도합니다. 아멘

【모욕】 깔보고 욕되게 함

2월 17일

가난한 사람을 학대하는 자는 저들을 만드신 주를 멸시하는 것이며
궁핍한 자에게 베푸는 자는 하나님을 경외하는 것이다.
- 쉬운성경 잠언 14:31

♡ 우리 기도해요!

"주님, 연약하고 불쌍한 사람들에게 베푸는 것이 주님을 경외하는 것이라고 하셨습니다.

이제부터 주님을 경외하는 삶을 살 수 있도록 도와 주세요."

예수님의 이름으로 기도합니다. 아멘

【멸시】 업신 여기거나 하찮게 여겨 깔봄
【궁핍】 가난하고 구차하다

11월 12일

영혼이 없는 몸이 죽은 것같이
믿음도 **행함**이 없으면 죽은 것입니다.
- 쉬운성경 야고보서 2:26

♡ 우 리 기 도 해 요 !

"하나님, 믿음은 마음속에 갖고만 있으면 안 된대요.
행동으로 실천을 해야 한대요.
저는 어떻게 믿음을 행동으로 실천할 수 있을까요?"
예수님의 이름으로 기도합니다. 아멘

[행함] 어떤 일을 실제로 해 나가다

주는 좋은 것으로 나의 소원을 만족시켜 주시니
내가 독수리처럼 새롭고 힘이 넘칩니다.
- 쉬운성경 시편 103:5

♡ 우리 기도해요!

"독수리가 날아가는 모습을 보면 정말 힘이 넘쳐 보여요.
제가 힘들어할 때 저에게도 그런 힘을 주세요."
예수님의 이름으로 기도합니다. 아멘

【소원】 바라고 원함 또는 바라고 원하는 일

이들은 예수님의 **옷깃**에라도 손을 대게 해 달라고 매달렸고
손을 댄 사람들은 모두 병이 나았습니다.

— 쉬운성경 마태복음 14:36

♡ 우리 기도해요!

"주님, 제 주변에도 병으로 힘들어하는 사람들이 많이 있어요.
친구들 중에도 있고 친척들 중에도 있어요.
모두가 하루빨리 건강해져서 건강한 몸으로
주님을 찬양하게 해주세요."
예수님의 이름으로 기도합니다. 아멘

【옷깃】 저고리나 두루마기의 목에 둘러대어
          앞에서 여밀 수 있도록 된 부분

2월 15일

주의 가르침으로 나를 인도해 주시고
후에는 나를 영광 가운데 영접해 주실 것입니다.
- 쉬운성경 시편 73:24

♡ 우리 기도해요!

"하나님께서 저를 항상
말씀으로 가르쳐 주시니 정말 감사합니다.
주님 말씀대로 순종하면
반드시 훌륭한 사람이 되리라 믿어요."
예수님의 이름으로 기도합니다. 아멘

【영접】 귀한 손님을 맞이하려고 뛰어나가는 우호적인 주인의 태도

11월 14일

그리스도의 말씀으로 여러분의 삶을 풍성히 채우십시오.
주신 지혜로 서로를 가르치고 세워 주기 바랍니다.
시와 찬양과 신령한 노래로써 감사한 마음을 하나님께 아뢰십시오.

　　　 - 쉬운성경 골로새서 3:16

♡ 우리 기도해요!

"주일학교에서 성경암송을 해요.
사실 성경암송이 어려워서 때론 안하기도 했어요.
하지만 그 말씀이 나중에 제게 큰 힘이 된대요.
앞으로 성경암송을 열심히 하는 어린이가 될게요."
예수님의 이름으로 기도합니다. 아멘

【신령한】 신기하고 영묘함

사람이 겸손히 여호와를 경외하면 재물과 영예와 생명을 얻는다.

- 쉬운성경 잠언 22:4

♡ 우리 기도해요!

"하나님을 경외하는 것은
하나님을 섬기면서도 하나님을 무서워하는 거래요.
하나님은 죄를 너무나도 싫어하는 분이세요.
그래서 우리를 너무나 사랑하시지만
죄를 짓지 않게 하기 위해서
어쩔 수 없이 무섭게 대하시는 거지요.
예수님의 이름으로 기도합니다. 아멘

【영예】 영광스러운 명예

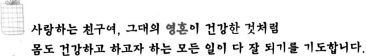

11월 15일

사랑하는 친구여, 그대의 **영혼**이 건강한 것처럼
몸도 건강하고 하고자 하는 모든 일이 다 잘 되기를 기도합니다.
- 쉬운성경 요한3서 1:2

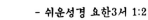

♡ 우리 기도해요!

"하나님 저는요, 가끔씩 아플 때가 있어요.
열이 날 때도 있고 배가 아플 때도 있어요.
아픈 게 정말 싫어요. 건강하게 해주세요."
예수님의 이름으로 기도합니다. 아멘

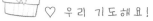

【영혼】 육체에 깃들여 인간의 활동을 지배하는 정신

하나님을 경외하고 그분의 명령을 지켜라.
이것이 사람이 해야 할 **본분**이다.

- 쉬운성경 전도서 12:13

♡ 우리 기도해요!

"주님의 명령을 지키는 것은 저의 할 일이에요.
하나님, 뭐든지 말씀해 주세요. 다 지킬게요.
누구보다 나를 사랑해주시는
주님이 하시는 말씀은 다 지킬 수 있어요."
예수님의 이름으로 기도합니다. 아멘

[본분] 사람이 마땅히 해야 할 의무나 지켜야 할 신분

11월 16일

주의 이름이 여호와이신 줄을 그들이 알게 하여 주시고,
주만이 온 세상에서 가장 높으신 분임을 알게 하소서.
- 쉬운성경 시편 83:18

♡ 우리 기도해요!

"이 세상 그 무엇보다 높고 뛰어나신 주님!
그 주님께서 저와 함께해 주시니 정말 기분이 좋아요.
근데 제 친구들도 주님을 알게 해주세요.
함께 교회 가서 예배하게요."
예수님의 이름으로 기도합니다. 아멘

【여호와】 구약에서 하나님을 부르는 대표적인 이름

누가 자신의 잘못을 날날이 깨달을 수 있겠습니까?
모르고 지은 나의 죄를 용서하여 주소서.
알면서 죄를 짓지 않게 막아 주시고 그 죄들이 나를 휘어잡지 않게 하여 주소서.
그러면 큰 죄에서 벗어나 내가 깨끗해질 것입니다.
- 쉬운성경 시편 19:12, 13

♡ 우리 기도해요!

"하나님, 저도 모르게 지은 죄들이 많이 있어요.
그런 죄들을 주님이 다 생각나게 해주시고
용서해주세요."
예수님의 이름으로 기도합니다. 아멘

【날날이】 하나하나 빠짐없이
【휘어잡다】 손아귀에 넣고 부리다

11월17일

우리가 성령으로 새 생명을 얻었으므로, 성령을 따라 살아야 합니다.
- 쉬운성경 갈라디아서 5:25

♡ 우리 기도해요!

"주님, 제가 친구를 미워할 때 '그러면 안 돼, 친구를 사랑해야지!'
하는 생각이 드는 것은 성령님이 저와 함께하시기 때문이래요.
이제부터는 성령님께서 저한테 말씀해 주실 때 바로바로 순종할게요."
예수님의 이름으로 기도합니다. 아멘

【성령】 하나님의 영

어둠의 세력에서 우리를 구원하셨으며
그분이 사랑하는 아들의 왕국으로 우리를 옮겨 주셨습니다.
- 쉬운성경 골로새서 1:13

♡ 우리 기도해요!

"하나님, 정말 감사해요.
원래 저는 죄인이라 지옥에 갈 수밖에 없었지만
주님을 믿어 천국에 갈 수 있으니 말이에요.
영원히 행복하고 기쁘게 살 수 있는
천국이 정말 기대돼요."

예수님의 이름으로 기도합니다. 아멘

【세력】 다른 사람을 누르고 자기의 뜻대로
         행동할 수 있는 힘

11월 18일

그러므로 영원토록 여호와를 의지하여라. 여호와는 우리의 영원한 **반석**이시다.

- 쉬운성경 이사야 26:4

♡ 우 리 기 도 해 요!

"영원하신 주님, 주님을 영원히 의지할게요.
앞으로 어른이 되고 할아버지가 되어도
하나님만 의지할게요."

예수님의 이름으로 기도합니다. 아멘

【반석】 넓고 평평하게 된 큰 돌로
'안전하고 견고함'을 뜻함

주께서는 무슨 일이든지 하실 수 있기 때문에
아무도 주님의 뜻을 방해할 수 없는 줄 압니다.
- 쉬운성경 욥기 42:2

♡ 우리 기도해요!

"이 세상 그 어느 누구도
하나님의 뜻을 방해할 수는 없어요.
하나님은 무슨 일이든지 하실 수 있기 때문이에요.
저도 하나님의 뜻을 방해할 수 없어요."
예수님의 이름으로 기도합니다. 아멘

【방해】 남의 일에 짓궂게 훼방을 놓아 해를 끼침

11월 19일

주와 같은 분은 없습니다.
주께서는 죄 지은 백성을 용서해 주시며
살아남은 여호와의 백성의 죄도 용서해 주십니다.
주는 영원토록 노하지 않으시며 자비를 베풀기를 좋아하십니다.

　　　　　- 쉬운성경 미가 7:18

 ♡ 우리 기도해요!

"정말 주님 같은 분은 없으세요.
매일 죄를 짓는 저를 사랑한다고 말씀하시니 말이에요.
주님이 싫어하시는 죄를 조금도 아니고 많이 짓는데도
왜 절 사랑하시나요?"
예수님의 이름으로 기도합니다. 아멘

【자비】 무력하고 도움이 필요한 사람을 사랑하고 불쌍히 여기는 마음

2월9일

나는 여호와를 사랑합니다.
이는 주께서 내 목소리를 들으셨기 때문입니다.
주께서 도와 달라는 나의 울부짖음을 들으셨습니다.
주께서 내게 귀를 기울이셨으므로 나는 내가 살아 있는 동안 주를 부를 것입니다.
　　　- 쉬운성경 시편 116:1, 2

♡ 우리 기도해요!

"하나님, 시편 116편을 쓴 사람이 누구인지 저는 몰라요.
그런데 이 사람은 하나님께 기도해서 응답을 받은 사람인 것 같아요.
저도 주님께 기도했을 때 기도가 이루어졌으면 좋겠어요."
예수님의 이름으로 기도합니다. 아멘

【울부짖음】 감정이 격하여 마구 울면서 큰 소리를 내는 것

11월 20일

그의 능력으로 하늘과 땅에 있는 모든 것과
눈에 보이는 것과 보이지 않는 것과
모든 권세와 지위, 주권, 능력이 생겨났습니다.
이 모든 것이 그리스도에 의해 **창조**되었으며
또 그리스도를 위해 창조되었습니다.
- 쉬운성경 골로새서 1:16

♡ 우리 기도해요!

"하나님 정말 대단해요. 이 세상의 모든 것을 다 만드셨으니 말이에요.
귀여운 강아지와 예쁜 꽃, 높은 산과 넓은 바다.
이 모든 것을 통해 주님이 영광 받으세요. 주님을 찬양해요."
예수님의 이름으로 기도합니다. 아멘

[창조] 하나님께서 우주 만물을 지으신 것을 말함

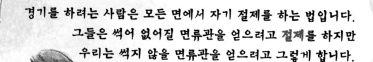

경기를 하려는 사람은 모든 면에서 자기 절제를 하는 법입니다.
그들은 썩어 없어질 면류관을 얻으려고 절제를 하지만
우리는 썩지 않을 면류관을 얻으려고 그렇게 합니다.
- 쉬운성경 고린도전서 9:25

♡ 우리 기도해요!
"제가 예배드리고 찬양하고
친구에게 전도하는 모든 순간들이
하늘나라에 기록된다고 하셨죠?
천국에 가는 그 날까지 더 열심히 주님을 위해 살게요."
예수님의 이름으로 기도합니다. 아멘

【절제】 자신의 행동을 지배하는 능력

11월21일

악한 사람은 그 길에서 돌이키고 죄인은 자기의 악한 생각을 버려라.
여호와께 돌아오너라. 그러면 여호와께서 자비를 베푸실 것이다.
우리 하나님께 돌아오너라. 그러면 여호와께서 너그럽게 용서하실 것이다.

- 쉬운성경 이사야 55:7

♡ 우리 기도해요!

"사랑의 하나님, 하나님은 정말 사랑이 넘치세요.
아무리 죄를 지은 사람이라도 하나님께 돌아오면
다 용서해주시니 말이에요.
저도 그런 하나님의 사랑을 배우고 싶어요."
예수님의 이름으로 기도합니다. 아멘

【자비】 무력하고 도움이 필요한 사람을 사랑하고 불쌍히 여기는 마음

형제 여러분, 여러 가지 시험을 겪을 때 기쁘게 여기십시오.
여러분은 믿음의 시련을 통하여 인내심이 성장한다는 것을 알고 있습니다.
- 쉬운성경 야고보서 1:2, 3

♡ 우리 기도해요!

"주님, 힘든 일이 있을 때마다 참아서 이겨내게 해주세요.
그러면 어린 저도 인내심이 많이 생기겠죠?
인내심이 많아졌으면 좋겠어요."
예수님의 이름으로 기도합니다. 아멘

【인내심】 괴로움이나 어려움을 참고 견디는 마음

11월 22일

채소만 먹어도 서로 사랑하는 것이 쇠고기로 잔치하면서 싸우는 것보다 낫다.

- 쉬운성경 잠언 15:17

♡ 우리 기도해요!

"하나님, 부자이면서 불행한 사람이 있고

가난하면서 행복한 사람이 있대요.

저는 부자이면서 행복한 사람이 되게 해주세요."

예수님의 이름으로 기도합니다. 아멘

[잔치] 경사가 있을 때 음식을 차려놓고
여러 사람을 불러모아 즐기는 것

나의 사랑하는 성도 여러분, 굳게 서서 흔들리지 말고
항상 주님의 일을 위해 자신을 드리십시오.
주님을 위해 일한 여러분의 수고는
결코 헛되지 않는 것임을 기억하시기 바랍니다.

- 쉬운성경 고린도전서 15:58

♡ 우리 기도해요!

"주님, 나쁜 친구들을 사랑하는 것은 힘든 일인 것 같아요.
하지만 그 친구를 위해서 기도하는 제가 되게 해주세요.
그리고 주님 안에서 착하게 살아가는 아이가 될게요."
예수님의 이름으로 기도합니다. 아멘

[헛되지] 겨우 하찮은 것밖에 안 되다

모든 성경 말씀은 하나님께서 감동을 주셔서 기록되었기 때문에
진리를 가르쳐 주며, 삶 가운데 무엇이 잘못되었는지 알게 해 줍니다.
또한 그 잘못을 바르게 잡아 주고 의롭게 사는 법을 가르쳐 줍니다.

- 쉬운성경 디모데후서 3:16

♡ 우리 기도해요!

"사랑의 하나님, 정말 감사해요.
성경책을 저에게 주셨잖아요.
아직 저는 어려서 다 이해할 수는 없지만
그래도 하나님의 말씀이란 것을 믿어요."
예수님의 이름으로 기도합니다. 아멘

【진리】 참된 도리나 바른 이치

비틀거릴지라도 넘어지지 않을 것입니다.
왜냐하면 여호와께서 그의 손을 붙잡고 계시기 때문입니다.
- 쉬운성경 시편 37:24

♡ 우리 기도해요!

"하나님, 저는 연약해서 비틀거릴 수는 있어요.
하지만 넘어지지는 않아요.
왜냐하면 하나님이 붙잡고 계시기 때문이죠."
예수님의 이름으로 기도합니다. 아멘

【붙잡고】 놓치지 않도록 단단히 쥐다

11월 24일

주님께서 내게 생명의 길을 보여 주셨으니,
주님의 앞에서는 나의 기쁨이 항상 넘치고,
주님의 오른편에 있으면 언제까지나 기쁨을 맛볼 것입니다.

　　　　　- 쉬운성경 시편 16:11

♡ 우리 기도해요!

"하나님, 저도 하나님이 저와 함께해 주셔서
정말 기분이 좋아요.
하나님도 제가 있어서 기분이 좋으시죠?"
예수님의 이름으로 기도합니다. 아멘

[기쁨] 욕구가 충족되었을 때의 즐거운 마음이나 느낌

2월 4일

여호와께서 어떤 사람의 가는 길을 기뻐하신다면
그 사람의 **발걸음**을 굳게 붙잡아 주실 것입니다.
- 쉬운성경 시편 37:23

♡ 우리 기도해요!

"하나님, 하나님께서 기뻐하시는 일을 한다면
하나님께서 굳게 붙잡아 주실 것을 믿어요.
하나님이 기뻐하시는 일이 뭔지 찾아봐야겠어요."
예수님의 이름으로 기도합니다. 아멘

【발걸음】 발을 옮겨서 걷는 동작

11월25일

우리 안에 계신 성령께 도우심을 구하며,
그대에게 맡겨진 진리를 소중히 **간직**하십시오.
- 쉬운성경 디모데후서 1:14

♡ 우리 기도해요!

"성령 하나님,
성령님께서 내 마음에 항상 살아계심을 저는 알아요.
길거리를 걸을 때, 친구들과 놀 때, 잠잘 때와 일어날 때,
언제나 성령님께서 제 마음 속에 살아계심에 감사 드려요."
예수님의 이름으로 기도합니다. 아멘

【간직】 생각이나 기억 따위를 마음속에 깊이 새겨 둠

2월 3일

이 하나님은 영원히, 영원히 우리의 하나님이시다.
이분께서 앞으로 끝까지 우리를 **인도**하실 것이다.

- 쉬운성경 시편 18:14

♡ 우리 기도해요!

"하나님, 끝까지 저를 인도하실 하나님을 찬양해요.
힘든 일이 생기면 하나님을 찾을게요. 하나님이 인도해주세요."
예수님의 이름으로 기도합니다. 아멘

【인도】 이끌어 지도함

11월 26일

하나님께서 말씀하십니다. "나를 사랑하는 자를 구원할 것이다.
내 이름을 높이는 자를 내가 보호해 줄 것이다."

　　　　　　- 쉬운성경 시편 91:14

♡ 우리 기도해요!

"하나님, 저도 하나님의 이름을 높이고 싶어요.
연예인 언니 오빠들이 시상식에서,
하나님께 모든 영광을 돌립니다, 하는 말을 하는데
저도 그런 말을 하고 싶어요."
예수님의 이름으로 기도합니다. 아멘

[보호] 약한 것을 돌보아 지키는 것,
　　　　성경에서는 주로 하나님이 그의 백성들을
　　　　돌보아 지켜주신다는 의미로 사용됨

2월 2일

우리는 **자신** 있게 말할 수 있습니다.
주님은 나를 돕는 자시니 내가 두려워하지 않을 것입니다.
사람들이 내게 무슨 짓을 할 수 있겠습니까?
- 쉬운성경 히브리서 13:6

♡ 우리 기도해요!

"무서운 이야기를 듣거나 무서운 영화를 보고 나면
밤에 혼자 있는 것이 무서울 때가 있어요.
하지만 주님께서 저와 함께하시니
앞으로는 두려워하지 않을게요."
예수님의 이름으로 기도합니다. 아멘

【자신】 어떤 일을 해낼 수 있다거나 어떤 일이
꼭 그렇게 되리라고 스스로 굳게 믿음

11월 27일

사람을 두려워하면 올무에 걸리지만 여호와를 신뢰하는 자는 안전할 것이다.

- 쉬운성경 잠언 29:25

♡ 우리 기도해요!

"하나님, 저는 어리지만
하나님을 향한 믿음만큼은 누구보다도 커요.
하나님이 살아계신다는 것을 저는 확실히 믿거든요.
이런 큰 믿음을 주신 하나님께 정말 감사해요."
예수님의 이름으로 기도합니다. 아멘

【올무】 새나 짐승을 잡는 데 사용하는 올가미,
　　　 의인을 유혹하는 악한 사람을 가리키는 데
　　　 비유적으로 쓰임

2월1일

예수님께서 일어나시더니 바람을 **꾸짖고** 호수에게 명령하셨습니다.
'조용하여라. 잠잠하여라.' 그러자 바람이 멈추었고 호수가 잔잔해졌습니다.
- 쉬운성경 마가복음 4:39

♡ 우리 기도해요!

"예수님 정말 대단해요~!
풍랑을 잠잠하게 하시는 그 능력을 저는 믿어요.
나중에 천국에서 예수님 만나면 꼭 다시 보여주세요."

예수님의 이름으로 기도합니다. 아멘

【꾸짖고】 아랫사람의 잘못에 대하여 엄격하게 나무람

November

11월 28일

악한 자들의 거만한 뿔은 모두 꺾여질 것입니다.
그러나 의로운 자들의 뿔은 높이 들릴 것입니다.
- 쉬운성경 시편 75:10

♡ 우리 기도해요!

"하나님, 저도 의로운 자가 될 수 있나요?
어떻게 하면 의로운 자가 될 수 있나요? 주님이 알려주세요."
예수님의 이름으로 기도합니다. 아멘

【거만】 잘난 체하며 남을 업신여김

너희가 기꺼이 내게 복종하면 땅에서 나는 좋은 작물을 먹을 것이다.
그러나 나를 따르지 않고 등을 돌리면 너희 원수의 칼에 망할 것이다.
이것은 여호와께서 친히 하신 말씀이다.
- 쉬운성경 이사야 1:19, 20

♡ 우리 기도해요!

"주님, 주님께서 말씀하신 것들을 잘 지켜나가는
순종하는 어린이가 되게 해주세요.
저를 지켜주시고 보호하시는
하나님을 찬양합니다."
예수님의 이름으로 기도합니다. 아멘

【작물】 논밭에 심어 가꾸는 곡식이나 채소

11월 29일

하나님은 나의 **구원**이십니다.
하나님을 믿으니 내게 두려움이 없습니다.
여호와는 나의 힘이시며 나의 노래이시며 나의 구원이십니다.

- 쉬운성경 이사야 12:2

♡ 우리 기도해요!

"하나님, 저도 하나님을 믿으니 무서울 것이 없어요.
아무리 힘든 일이라도 하나님이 다 알아서 해주시니 걱정 없답니다."

예수님의 이름으로 기도합니다. 아멘

【구원】 인류를 죽음과 고통과 죄악에서 건져 내는 일

난폭하게 구는 사람을 부러워하거나 그의 행위를 본받지 마라.
여호와께서는 비뚤어진 사람을 가증히 여기시고 정직한 사람을 신뢰하신다.
— 쉬운성경 잠언 37:31, 32

♡ 우리 기도해요!

"하나님, 싸움을 잘 하는 친구를 부러워한 적이 있어요.
싸움을 잘 하면 다른 친구들이 무시하지 않으니까요.
하지만 이제 부러워하지 않을래요. 그대신 착한 친구들을 부러워할래요."
예수님의 이름으로 기도합니다. 아멘

【가증】 보기에 괘씸하고 얄밉다 【신뢰】 굳게 믿고 의지함

11월30일

그들을 진리로 거룩하게 해 주십시오. 아버지의 말씀은 진리입니다.

– 쉬운성경 요한복음 17:17

♡ 우리 기도해요!

"하나님 아버지, 진리의 말씀을 제가 알게 해주셔서 정말 감사해요.
오늘은 진리의 말씀을 따라 사는 하루가 되게 해주세요."
예수님의 이름으로 기도합니다. 아멘

【거룩】 하나님께만 있는 성품으로 모든 피조물과
완전히 다르게 구별되심을 말하는 것

1월29일

**너희는 창고에 너희가 거둔 것의 십일조를 가져와
나의 집에 먹을 것이 있게 하여라. 그것으로 나를 시험하여라.
내가 하늘 문을 열고 너희가 쌓을 공간이 넘치도록
너희에게 복을 붓지 않나 보아라.**

- 쉬운성경 말라기 3:10

♡ 우리 기도해요!

"하나님, 그동안 저는 용돈을 받으면 어떤 장난감을 살까?
뭘 사먹을까? 하는 생각만 했는데요,
이제부터는 10분의 1을 먼저 하나님께 드리는 어린이가 되게 해주세요."
예수님의 이름으로 기도합니다. 아멘

【십일조】 하나님께 드리는 수입의 10분의 1 **【공간】** 아무것도 없는 빈 곳

우리가 이 세상에 살기는 하지만 세상이 싸우는 것과 같은 *싸움*은 하지 않습니다.
- 쉬운성경 고린도후서 10:3

♡ 우리 기도해요!

"사랑의 하나님, 예수님을 알지 못하는 사람들은 자기 자신만 잘 살면 그만이라고 해요.
하지만 예수님을 믿는 저는 그렇게 생각 안해요.
자신보다 이웃을 위해 살고 복음을 전하는 삶을 살아야 해요.
주님을 위해 사는 제가 될게요."
예수님의 이름으로 기도합니다. 아멘

【싸움】 싸우는 일

1월28일

예수님께서 도마에게 말씀하셨습니다.

"너는 나를 보았기 때문에 믿느냐? 나를 보지 않고 믿는 사람들은 복이 있다."

- 쉬운성경 요한복음 20:29

♡ 우리 기도해요!

"하나님은 살아계신 분이라는 것과 성경에 나온 기적들이 모두 사실인 것을 믿어요. 하지만 가끔씩 진짜 그랬을까? 하는 의심이 들어요. 의심하지 않도록 믿음을 주세요." 예수님의 이름으로 기도합니다. 아멘

【복】 편안하고 행복스런 상태나 그에 따른 기쁨

12월 2일

그 때에 여호와께서 기드온에게 말씀하셨습니다.
"내가 물을 핥아먹은 사람 삼백 명으로 너희를 구원하겠다.
너희가 미디안을 물리치도록 해 주겠다. 다른 사람들은 모두 집으로 보내어라."
- 쉬운성경 사사기 7:7

♡ 우리 기도해요!

"전능하신 하나님, 주님은 무엇이든지 하실 수 있으십니다.
기드온의 300용사로 메뚜기 떼와 같이
많은 적을 물리치셨습니다.
기드온처럼 하나님을 의지하는 제가 될게요."
예수님의 이름으로 기도합니다. 아멘

【핥아먹은】 혀로 핥아서 먹다

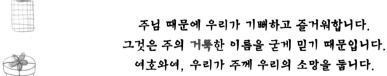

January

1월 27일

주님 때문에 우리가 기뻐하고 즐거워합니다.
그것은 주의 거룩한 이름을 굳게 믿기 때문입니다.
여호와여, 우리가 주께 우리의 소망을 둡니다.
주님의 변함없는 사랑을 우리에게 베풀어 주소서.

— 쉬운성경 시편 33:21, 22

♡ 우리 기도해요!

"하나님, 하나님이 계셔서 저와 함께하시니 정말 감사해요.
하나님을 다른 사람들에게 전하는 어린이가 되게 해주세요."
예수님의 이름으로 기도합니다. 아멘

【거룩】 하나님께만 있는 성품으로 모든 피조물과
완전히 다르게 구별되심을 말하는 것

12월 3일

비판을 받지 않으려면 비판하지 마라.
너희가 비판한 그대로 비판을 받을 것이며
너희가 판단한 기준에 따라 너희도 판단 받을 것이다.
　　　　　- 쉬운성경 마태복음 7:1, 2

♡ 우리 기도해요!

"하나님, 다른 사람을 비판하는 일은 정말 나쁜 일이에요.
모두가 하나님이 지으신 자녀이기 때문에 비판하면 안 되는 것을 알아요.
이제 저도 다른 사람들을 비판하지 않겠어요.
주님이 저를 항상 지켜봐 주세요."
예수님의 이름으로 기도합니다. 아멘

【비판】 사람, 행동, 작품 등을 평가, 비평하거나 판단하는 것을 말함

여호와는 위대하시며 높이 찬양을 받으실 만한 분이십니다.
아무도 주의 위대하심을 헤아릴 수 없습니다.
- 쉬운성경 시편 145:3

♡ 우리 기도해요!

"세상에 아무리 큰 저울과 줄자가 있어도
주님의 위대하심을 측량할 수는 없어요.
갑자기 주님을 찬양하고 싶어요.
제가 노래할 때 주님 받아주세요."
예수님의 이름으로 기도합니다. 아멘

【위대】도량이나 능력, 업적 따위가 뛰어나고 훌륭함

여호와께서 나에게 모든 좋은 것으로 베풀어 주셨습니다.
내가 어떻게 여호와께 **보답**할 수 있겠습니까?
- 쉬운성경 시편 116:12

♡ 우리 기도해요!

"하나님 정말 감사해요.
지금 제가 입고 있는 옷,
그리고 오늘 먹은 아침밥,
세수할 때 사용한 물과 비누,
이 모든 것을 주님이 주셨잖아요. 감사해요."
예수님의 이름으로 기도합니다. 아멘

[보답] 남의 호의나 은혜를 갚음

1월25일

힘을 내고 용기를 가져라.
내가 **명령**한 것을 기억하여라.
두려워하지 마라.
네가 가는 곳마다 네 하나님 여호와가 너와 함께할 것이다.
- 쉬운성경 여호수아 1:9

♡ 우리 기도해요!

"와~ 하나님 정말이죠?
제가 어딜 가든지 하나님이 함께해 주신다는 사실이요.
생각만 해도 너무 신나고 든든해요."
예수님의 이름으로 기도합니다. 아멘

【명령】 윗사람이 아랫사람에게
무엇을 하게 함 또는 그런 내용

나와 함께 의롭게 산 사람들은 **믿음** 때문에 생명을 누릴 것이다.
그러나 믿음에서 뒤로 물러난 사람들을 내가 기뻐하지 않겠다.
- 쉬운성경 히브리서 10:38

♡ 우리 기도해요!

"사랑의 주님, 저도 아브라함처럼
큰 믿음을 가진 사람이 되게 해주세요.
하나님이 기뻐하시는 사람이 되고 싶어요.
어떻게 하면 믿음이 커질 수 있을까요?
주님이 알려주세요."
예수님의 이름으로 기도합니다. 아멘

【믿음】 신앙, 확신, 신뢰, 의뢰함을 의미하며 진실로 받아들이는 것,
성경에서의 믿음은 하나님께 자신의 삶을 바꾸는 태도를 말함

1월24일

주님 앞에서 *스스로*를 낮추면 주님께서 여러분을 높이실 것입니다.
- 쉬운성경 야고보서 4:10

♡ 우리 기도해요!

"교만한 사람은 하나님이 싫어하시죠?
저는 자신을 낮추는 겸손한 사람이 될래요.
저는 하나님의 사람이기 때문이에요."
예수님의 이름으로 기도합니다. 아멘

【스스로】남이 시키지 않았는데도 자기의 결심에
따라서 하는 모습

내가 너희에게 새 계명을 준다. 서로 사랑하여라.
내가 너희를 사랑한 것같이 너희도 서로 사랑하여라.

- 쉬운성경 요한복음 13:34

♡ 우리 기도해요!

"하나님, 오늘 소중한 주님의 말씀을 주셔서 감사해요.
서로 사랑하라고요? 알겠어요. 친구들을 사랑할게요.
어떻게 사랑을 표현할 수 있을까요?"
예수님의 이름으로 기도합니다. 아멘

【계명】 종교적, 도덕적으로 지켜야 하는 규정

1월23일

내 마음에 큰 두려움과 걱정이 있었을 때에
주의 위로가 나에게 커다란 기쁨을 주었습니다.
　　　　- 쉬운성경 시편 94:19

♡ 우리 기도해요!

"하나님 감사해요.
제가 힘들어할 때 기도했더니 하나님이 다 아시고
저를 위로해 주셨잖아요. 정말 감사해요."
예수님의 이름으로 기도합니다. 아멘

【두려움】 단순한 공포, 무서움의 감정 혹은
하나님에 대한 경외를 말함

제단에 예물을 놓아 두고, 가서 먼저 네 형제와 화해하여라.
그후에 다시 와서 예물을 바쳐라.
- 쉬운성경 마태복음 5:24

♡ 우리 기도해요!

"사람을 사랑하는 것이 주님께 예배드리는 것보다
더 중요한 것을 오늘 알게 되었어요.
예배드리기 앞서서 화해할 일이 있으면
화해를 꼭 먼저 하고 주님앞에 예배하러 갈게요."
예수님의 이름으로 기도합니다. 아멘

【예물】 성경에서는 주로 하나님께 죄를
속량하기 위해 드리는 제사용 물건

1월 22일

여호와여, 내가 '쓰러질 것 같아'라고 외칠 때에
주의 사랑이 나를 붙들어 주셨습니다.

- 쉬운성경 시편 94:18

♡ 우리 기도해요!

"사랑의 하나님, 언제나 저를
돌보아 주시고 지켜 주시니 정말 감사해요.
앞으로도 영원히 저와 함께해 주세요."
예수님의 이름으로 기도합니다. 아멘

【여호와】 구약에서 하나님을 부르는 대표적인 이름

하나님을 아는 지식에 대항하는 온갖 교만한 생각들을 물리쳐,
모든 생각들을 사로잡아 그리스도께 복종시킵니다.

— 쉬운성경 고린도후서 10:5

♡ 우리 기도해요!

"하나님 아버지, 예수님처럼 겸손한 사람이 되고 싶어요.
어디서나 다른 사람을 먼저 생각해주고
자신을 자랑하지 않는 사람이요.
저도 예수님처럼 될 수 있겠죠?"
예수님의 이름으로 기도합니다. 아멘

【교만】 잘난 체하며 방자하게 뽐내는 것.
　　　 성경에서는 하나님의 뜻을 행하지 않는 것을 말함

1월 21일

그러므로 누구든지 그리스도 안에 있으면 새로운 **창조**입니다.
이전 것들은 지나갔고, 보십시오. 새 것들이 와 있습니다.

      - 쉬운성경 고린도후서 5:17

♡ 우리 기도해요!

"사랑의 하나님,

  저의 모든 죄를 기억하지 않으시고 다 잊어주셔서 정말 감사해요.

  그리고 주님 안에 있으면 늘 새 사람이 되니까 정말 좋아요.

  모든 것을 새롭게 잘해보고 싶어요. 도와주세요."

예수님의 이름으로 기도합니다. 아멘

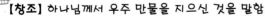

【창조】 하나님께서 우주 만물을 지으신 것을 말함

12월 9일

모든 일에 감사하십시오.
이것이 그리스도 예수 안에서 여러분을 향한 하나님의 뜻입니다.
- 쉬운성경 데살로니가전서 5:18

♡ 우 리 기 도 해 요 !

"하나님, 세상에는 저보다 건강이 좋지 못한 사람도 많고
가난해서 밥을 못 먹는 친구들도 많은데
감사하지 못하고 불평을 많이 해서 정말 죄송해요.
생각해보면 감사할 일이 정말 많은데 말이에요."
예수님의 이름으로 기도합니다. 아멘

【감사】 하나님께 대해 백성들이 가지는 태도

지혜가 네 영혼에 달다는 것도 알아라.
지혜를 찾으면 네 앞길이 열리고 네 소망이 꺾이지 않을 것이다.

- 쉬운성경 잠언 24:14

♡ 우리 기도해요!

"솔로몬 왕은 돈이나 명예보다 지혜를 더 중요하게 여겼대요.
저도 지혜를 가진 아이가 되고 싶어요.
솔로몬처럼 제게도 지혜를 주세요."
예수님의 이름으로 기도합니다. 아멘

【영혼】 육체에 깃들여 인간의 활동을 지배하는 정신

12월10일

악한 자에게 속했던 가인과 같이 되지 마십시오.
가인은 자기 동생을 죽였습니다. 자기 동생을 죽인 이유는
자기는 악한 일을 했고 동생은 선한 일을 했기 때문입니다.
- 쉬운성경 요한1서 3:12

♡ 우리 기도해요!

"가인은 참 나쁜 사람이에요.
어떻게 사랑스런 동생을 죽일 수 있나요?
저는 동생에게 잘해줄 거예요.
동생도 하나님의 자녀니깐요."
예수님의 이름으로 기도합니다. 아멘

【선】 가치있고 올바르며 좋은 것,
　　 악의 반대말

1월 19일

내가 이것을 너희에게 말한 것은 너희가 내 안에서 평안을 얻게 하려는 것이다.
이 세상에서는 너희가 고난을 당할 것이다. 그러나 담대하여라!
내가 세상을 이기었다!

- 쉬운성경 요한복음 16:33

♡ 우리 기도해요!

"하나님, 천국에 가면 얼마나 좋을까요?
모든 사람이 하나님을 찬양하고
예배드리는 천국에 정말 가고 싶어요.
이 세상은 나쁜 마귀가 있어서
사람들이 죄를 지어요.
하지만 천국은 그렇지 않죠?"
예수님의 이름으로 기도합니다. 아멘

【담대】 겁이 없고 용기, 확신이 많음

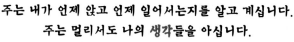

주는 내가 언제 앉고 언제 일어서는지를 알고 계십니다.
주는 멀리서도 나의 생각들을 아십니다.
주는 내가 나가고 눕는 것을 아십니다.
주는 나의 모든 길에 대해 잘 알고 계십니다.

- 쉬운성경 시편 139:2,3

♡ 우리 기도해요!

"하나님, 하나님께서는 제가 화장실에서 무엇을 하는지,
그리고 밤에 어떤 꿈을 꾸었는지 다 아시죠?
하나님은 모르시는 게 없는 분이에요."
예수님의 이름으로 기도합니다. 아멘

【생각】 사람이 머리를 써서 사물을 헤아리고
　　　　판단하는 작용

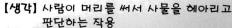

1월 18일

다리오 왕은 너무 기뻤습니다.
그는 종들에게 다니엘을 사자 굴에서 꺼내라고 말했습니다.
왕의 종들이 다니엘을 꺼내 보니 다니엘의 몸에는 아무런 상처도 없었습니다.
그것은 다니엘이 자기 하나님을 믿었기 때문입니다.

- 쉬운성경 다니엘 6:23

♡ 우리 기도해요!

"주님, 다니엘이 하나님께 순종하고 믿음을 지켜 사자 굴에서 살아남았어요.
저도 다니엘처럼 주님을 최고로 여기는 사람이 되고 싶어요."

예수님의 이름으로 기도합니다. 아멘

【상처】 다친데, 피해를 입은 흔적

12월 12일

각 사람은 주님께서 각 사람에게 나눠 주신 대로
그리고 하나님께서 부르신 위치를 그대로 유지하며 살아가십시오.
이것은 내가 모든 교회에 세워 준 **원칙**입니다.
　　　　　　- 쉬운성경 고린도전서 7:17

♡ 우리 기도해요!

"주일학교에서 선생님과 친구들과 예배드릴 수 있게 해주셔서 감사해요.
교회 안에서 선생님 말씀을 잘 듣고 친구들과도 사이좋게 지내는
주님의 어린이가 되게 해주세요."
예수님의 이름으로 기도합니다. 아멘

【원칙】 어떤 행동이나 이론 따위에서 일관되게 지켜야 하는
　　　　　기본적인 규칙이나 법칙

1월17일

너는 네 모든 길에서 그분을 인정하여라.
그러면 그분이 너의 길을 형통하게 만들어 주실 것이다.
- 쉬운성경 잠언 3:6

♡ 우리 기도해요!

"주님은 저의 주인이세요.
그리고 저는 주님이 하라고 하는 대로 순종하는
주님의 사랑스런 자녀이고요.
언제나 저와 함께하셨듯이
앞으로도 늘 함께해주세요."
예수님의 이름으로 기도합니다. 아멘

【형통】 모든 일이 잘되어 물질적으로 영적으로
번영하고 풍성해지는 것

나는 마음이 온유하고 겸손하니 나의 멍에를 메고 내게 배워라.
그러면 너희 영혼이 쉼을 얻을 것이다.
- 쉬운성경 마태복음 11:29

♡ 우리 기도해요!

"예수님은 마음이 온유하고 겸손하다고 하셨죠?
저도 어떤 순간이 다가와도 예수님처럼 마음이 따뜻하고 부드러운 어린이,
그리고 나를 낮출 줄 아는 어린이가 되게 해주세요."
예수님의 이름으로 기도합니다. 아멘

【멍에】 쟁기나 수레를 끌기 위해 소나 나귀 등의 목에 가로 얹는 막대

1월16일

감사의 제사를 드리는 사람이 나를 높이고 길을 예비하는 자이니
내가 그들에게 하나님의 구원을 보여 줄 것이다.
- 쉬운성경 시편 50:23

♡ 우리 기도해요!

"오늘 말씀을 주셔서 정말 감사해요. 새로운 사실을 알았어요.
바로! 예배드릴 때 감사하면서 예배를 드리는 거예요.
앞으로 제가 어떤 마음으로
예배드리는지 지켜봐주세요."

예수님의 이름으로 기도합니다. 아멘

【예비】 필요할 때 쓰기 위하여
　　　　미리 마련하거나 갖추어 놓음

12월 14일

선한 일을 하도록 노력하며 베푸는 가운데 **부유함**을 누리도록 그들을 가르치십시오.
나눠 주고 베풀 때에 맛볼 수 있는 참기쁨을 말해 주십시오.
– 쉬운성경 디모데전서 6:18

♡ 우리 기도해요!

"사랑의 주님, 다른 사람들에게 선물을 주는 것은 정말 기분 좋은 일이에요.
상대방이 받고 웃는 모습을 볼 수 있으니까요.
꼭 큰 것이 아니더라도 작은 것을 나누며 사는 주님의 어린이가 될게요."
예수님의 이름으로 기도합니다. 아멘

【부유함】 재물을 풍부하게 가지고 있음

성도들에게 필요한 것을 나눠 주십시오.
나그네를 후하게 대접하십시오.
　　　- 쉬운성경 로마서 12:13

♡ 우리 기도해요!

"하나님, 다른 사람들에게
내가 가진 것을 나눠주기란 참 힘든 것 같아요.
더군다나 저도 필요한 물건인데
다른 사람이 달라고 하면 어떻게 하죠?
그래도 줘야 하나요? 주님이 알려주세요."
예수님의 이름으로 기도합니다. 아멘

【성도】 하나님을 믿는 사람들을 높여 부르는 말

이와 같이 하나님께서는 세상을 사랑하여 **독생자**를 주셨다.
이는 누구든지 그의 아들을 믿는 사람은 멸망하지 않고 영생을 얻게 하려 하심이다.
　　- 쉬운성경 요한복음 3:16

♡ 우리 기도해요!

"주님 감사해요.

주님을 믿어서 영원히 행복하게 살 수 있는
천국에 들어가게 해주신 것이 너무 감사해요.

하지만 제 주변에는 주님을 모르는 친구들이 너무나 많아요.

그 친구들도 주님을 알게 도와주세요."

예수님의 이름으로 기도합니다. 아멘

【독생자】 형제 없는 단 하나뿐인 아들을 가리키는 말로 개역성경
에서는 하나님의 아들 예수 그리스도를 지칭함

1월 14일

여호와께서 우리의 하나님이심을 아십시오.
그분이 우리를 지으셨으니 우리는 그분의 것입니다.
우리는 그분의 백성이며 그분이 돌보는 양 떼들입니다.
- 쉬운성경 시편 100:3

♡ 우리 기도해요!

"하나님, 저는 하나님의 것이에요.
제가 가지고 있는 장난감이 저의 것이듯
저도 하나님의 것이에요.
장난감을 마음대로 할 수 있듯이
하나님도 저를 마음대로 하실 수 있으세요."
예수님의 이름으로 기도합니다. 아멘

[백성] 나라의 근본을 이루는 일반 국민의 옛날 표현

**지혜로운 자가 쓸 면류관은 자기의 지혜이지만,
미련한 사람이 쓸 화관은 자기의 미련이다.**
- 쉬운성경 잠언 14:24

♡ 우리 기도해요!

"주님, 저도 지혜로운 사람이 될 수 있을까요?
어떻게 하면 지혜로운 사람이 될 수 있나요?
하나님은 지혜로운 하나님이세요.
그러니 제게도 지혜를 주세요."
예수님의 이름으로 기도합니다. 아멘

[화관] 칠보로 꾸민 여자의 관,
   성경에서 여자들의 장식품의 한 가지로 언급됨

자녀라면 또한 **상속자**이기도 합니다.
우리는 하나님의 상속자이며 또한 그리스도와 공동의 상속자입니다.
그래서 우리는 그리스도께서 누리시는 영광에 참여하기 위해
그분이 겪으신 고난에도 참여하는 것입니다.

- 쉬운성경 로마서 8:17

♡ 우리 기도해요!

"하나님 아버지, 주님을 믿다가 힘들고 어려운 일이 다가와도
변함없이 주님의 말씀을 따르게 해주세요."
예수님의 이름으로 기도합니다. 아멘

【상속자】 재산, 지위, 신분 등을 이어 받는 사람

내가 너희에게 진리를 말한다.
나를 믿는 사람은 내가 지금까지 해온 일들을 그 사람도 행할 것이다.
심지어 이보다 더 큰 일들도 행할 것이다.
그것은 내가 아버지께로 가기 때문이다.

- 쉬운성경 요한복음 14:12

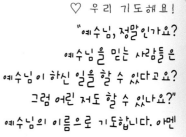

♡ 우리 기도해요!

"예수님, 정말인가요?
예수님을 믿는 사람들은
예수님이 하신 일을 할 수 있다고요?
그럼 어린 저도 할 수 있나요?"
예수님의 이름으로 기도합니다. 아멘

【심지어】 더욱 심하다 못하여 나중에는

그분은 자기를 두려워하는 자들이 바라는 것들을 이루어 주십니다.
그들이 부르짖는 것을 들으시고 그들을 구원하십니다.

- 쉬운성경 시편 145:19

♡ 우리 기도해요!

"주님, 저는 커서 OO가 되고 싶습니다.

하나님께 기도하면 이루어 주신다고 하셨죠?

이제부터 열심히 기도할 테니

제 꿈을 이룰 수 있게 도와주세요."

예수님의 이름으로 기도합니다. 아멘

【구원】 죄악과 고통에서 건져 냄

지금 가지고 있는 것에 만족하는 것은 경건에 큰 도움이 됩니다.
우리가 세상에 올 때 아무것도 가지고 오지 않았으므로
세상을 떠날 때도 아무것도 가져가지 못합니다.
그러므로 먹을 음식과 입을 옷이 있다면 만족할 줄 알아야 합니다.

- 쉬운성경 디모데전서 6:6~8

♡ 우리 기도해요!

"저는 욕심이 참 많은 아이 같아요.
지금 가지고 있는 것에 만족해야 하는데
그렇게 못할 때가 많거든요. 하지만 이제 안 그럴게요.
모두가 하나님이 주신것이니 만족하고 감사할게요."
예수님의 이름으로 기도합니다. 아멘

[경건] 하나님의 거룩한 성품을 닮는 것

여호와를 경외하는 것은 사람에게 지혜를 준다. 겸손하면 영예가 뒤따른다.
　　　- 쉬운성경 잠언 15:33

♡ 우리 기도해요!

"하나님, 저는 겸손한 어린이인가요? 아니면 교만한 어린이인가요?
어떻게 하면 겸손한 사람이 될 수 있나요? 주님이 알려주세요."
예수님의 이름으로 기도합니다. 아멘

【경외】 공경하고 두려워함

평안의 하나님께서 여러분을 깨끗하게 하셔서 하나님께 속한 자로 지켜 주시며
여러분의 온몸, 즉 영과 혼과 육신 모두를 우리 주 예수 그리스도께서 오실
그 날까지 아무 흠없이 지켜 주시기를 기도합니다.
- 쉬운성경 데살로니가전서 5:23

♡ 우리 기도해요!

"하나님, 나쁜 마귀는 어떻게 하면 저를 해칠까 항상 생각을 한대요.
하지만 주님이 저를 천국가는 날까지 지켜주시니 전혀 두렵지 않아요.
하나님 정말 감사해요."

예수님의 이름으로 기도합니다. 아멘

【평안】 성경에서는 '평강'과 '평화' '평안'을 구별 없이
사용하고 있는데 히브리어로는 '샬롬'이다

내가 너희에게 말한다. 나쁜 사람과 맞서지 마라.
만일 누가 네 오른쪽 뺨을 때리거든 다른 뺨도 돌려 대라.

- 쉬운성경 마태복음 5:39

♡ 우리 기도해요!

"하나님, 어떻게 이렇게 할 수가 있을까요?
왼쪽 뺨을 맞았는데 오른쪽 뺨도 돌려대라고요?
저는 그렇게 못할 것 같아요. 제가 아직 사랑이 부족한 걸까요?
주님의 사랑을 알게 해주세요."

예수님의 이름으로 기도합니다. 아멘

【맞서지】 서로 굽히지 않고 마주 겨루다

자녀들이여, 우리는 말로만 사랑하는 사람이 되어서는 안 됩니다.
우리의 사랑은 진실되어야 합니다.
그리고 우리는 행함으로써 그 사랑을 보여야 할 것입니다.
이를 통해 우리가 **진리**에 속하였음을 알 수 있게 되며
하나님 앞에서도 평안할 수 있게 됩니다.

- 쉬운성경 요한1서 3:18,19

♡ 우리 기도해요!

"맞아요 하나님! 부모님과 친구들에게
주님의 사랑이 어떤 건지 직접 보여줘야겠어요."
예수님의 이름으로 기도합니다. 아멘

【진리】 참된 도리나 바른 이치

1월9일

수금을 울리며 여호와께 찬양하십시오.
열 줄 비파로 주님을 위해 찬양하십시오.
- 쉬운성경 시편 33:2

♡ 우리 기도해요!

"주님, 저는 아직 어려서 악기를 잘 다루지 못하지만
한 가지라도 잘 배워서 주님을 찬양하는 데 사용하고 싶어요.
제가 어떤 악기로 찬양하길 원하시나요?"
예수님의 이름으로 기도합니다. 아멘

【수금】 6~30개의 줄을 가진 삼각형 사각형 모양의 현악기
　　　　음색이 밝아 기쁠 때 주로 연주함
【비파】 손으로 현을 튕겨서 연주하는 현악기

12월 21일

우리를 창조하신 분은 하나님이십니다.
그리스도 예수 안에서 우리를 새 사람으로 변화시켜
착한 일을 하게 하신 분도 하나님이십니다.
하나님께서는 우리 안에 이미 오래 전부터 선한 일을 계획해 놓으셨습니다.
우리의 삶이 선하게 되도록 그렇게 계획해 놓으셨습니다.

- 쉬운성경 에베소서 2:10

♡ 우리 기도해요!

"하나님, 아주 오래 전부터 저를 알고계셨죠?
저는 하나님을 안 지 얼마 안 되었어요.
저를 위해 선한 일을 계획하셨죠?
그게 무엇인가요?"

예수님의 이름으로 기도합니다. 아멘

[계획] 앞으로 할 일의 절차, 방법, 규모 따위를 미리 헤아려 작정함

하나님께서는 약속하신 것을 지키시는 신실한 분이니
우리가 고백한 소망을 굳게 붙듭시다.
- 쉬운성경 히브리서 10:23

♡ 우리 기도해요!

"하나님은 약속을 잘 지키시는 신실하신 분이세요.
그런데 저는 아빠 엄마와의 약속을 잘 안 지켜요.
지키려고 노력하는데 매번 잘 안 돼요.
주님이 도와주세요. 하나님을 닮고 싶어요."
예수님의 이름으로 기도합니다. 아멘

【신실】 믿음직하고 착실함

12월 22일

구하라, 그러면 너희에게 주실 것이다. 찾아라, 그러면 **발견**할 것이다.
두드려라, 그러면 문이 너희에게 열릴 것이다.
구하는 사람은 누구든지 받을 것이다. 찾는 사람은 찾을 것이다.
그리고 두드리는 사람에게는 문이 열릴 것이다.
- 쉬운성경 마태복음 7:7, 8

♡ 우리 기도해요!

"저의 모든 기도를 들어주셔서 감사해요.
하지만 제가 아직 어려서 구하지 말아야 할 것을
구할 때도 있으니 주님이 기도하는 방법도 알려주세요."
예수님의 이름으로 기도합니다. 아멘

【발견】 미처 찾아내지 못하였거나 아직 알려지지 아니한
사물이나 현상, 사실 따위를 찾아냄

주님께서는 내게 생명의 길을 알려 주셨습니다.
주님께서는 나와 함께 계시면서 내게 기쁨을 가득 채우실 것입니다.
- 쉬운성경 사도행전 2:28

♡ 우리 기도해요!

"하나님, 정말 감사해요.
하나님을 믿는 것이 바로 생명의 길이죠.
저도 생명의 길로 가고 있으니 정말 행복해요. 주님을 찬양해요."
예수님의 이름으로 기도합니다. 아멘

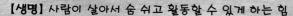

【생명】 사람이 살아서 숨 쉬고 활동할 수 있게 하는 힘

너희가 만일 너희에게 잘해 주는 사람에게만 잘해 준다면
청찬받을 것이 무엇이냐? **죄인**들도 그렇게는 한다.
- 쉬운성경 누가복음 6:32

♡ 우리 기도해요!

"하나님, 오늘은 저와 친하지 않은 친구들을 위해서 기도해요.
아직 말도 많이 해보지 않았고, 같이 놀지도 않아서 친하지는 않지만
그 친구들도 하루빨리 하나님을 알 수 있도록 도와주세요."
예수님의 이름으로 기도합니다. 아멘

[죄인] 죄를 지은 사람이나 그 무리, 성경에서 죄인을 판별하는 기준은
하나님이시다

미련한 사람은 말 때문에 자기 등에 **회초리**를 맞으나
지혜로운 자의 입술은 자신을 보호한다.
- 쉬운성경 잠언 14:3

♡ 우리 기도해요!

"하나님, 엄마한테 잘못했을 때 정직하게 말씀 드렸다면
용서받을 수 있었을 텐데 거짓말을 해서 더 혼난 적이 있어요.
거짓말은 미련한 짓이죠? 앞으로는 하지 않을게요."
예수님의 이름으로 기도합니다. 아멘

[회초리] 때릴 때에 쓰는 가는 나뭇가지

그러자 동쪽 나라에서 보았던 바로 그 별이
박사들 앞에 나타나 그들을 안내해 주었습니다.
그러다가 아기가 있는 곳 위에서 멈추어 섰습니다.
박사들은 별을 보자 매우 기뻤습니다.

— 쉬운성경 마태복음 2:9,10

♡ 우리 기도해요!

"오늘은 아기 예수님이 태어나시기 하루 전이에요.
박사들이 얼마나 예수님을 보고 싶었으면
먼 동쪽나라에서부터 왔을까요?
저도 아기 예수님이 보고 싶어요.
다른 아기들처럼 예쁘고 귀여우셨을까요?"
예수님의 이름으로 기도합니다. 아멘

【박사】 성경에서 박사는 현자(賢者), 점성술이나
        마술 등을 행하는 사람을 가리킴

1월 5일

나에게 '주님 주님'이라고 말하는 사람 모두가 하늘 나라에 들어가는 것은 아니다. 하늘에 계신 내 아버지의 뜻대로 **행하는** 사람만이 하늘 나라에 들어갈 것이다.

— 쉬운성경 마태복음 7:21

♡ 우 리 기 도 해 요!

"하나님, 저는 주일마다 교회에 나가면 천국에 가는 줄 알았는데 그게 다가 아니었어요. 주님의 뜻대로 행해야 간대요. 하나님 뜻대로 행하는 제가 될게요. 지켜봐 주세요." 예수님의 이름으로 기도합니다. 아멘

【행하는】 행동으로 옮기는 일

12월25일

그들은 아기가 있는 집에 들어가서 어머니 마리아와 함께 있는 아기를 보았습니다.
그들은 아기에게 무릎을 꿇어 경배를 드리고 보물함을 열어
아기에게 황금과 유향과 몰약을 예물로 드렸습니다.

- 쉬운성경 마태복음 2:11

♡ 우리 기도해요!

"주님, 오늘은 예수님이 이 세상에 오신 날이에요. 예수님 생일 축하해요.
우리 모두의 죄를 위해 오신 주님을 찬양해요."
예수님의 이름으로 기도합니다. 아멘

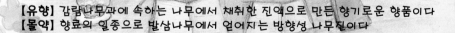

【유향】 감람나무과에 속하는 나무에서 채취한 진액으로 만든 향기로운 향품이다
【몰약】 향료의 일종으로 발삼나무에서 얻어지는 방향성 나무진이다

1월4일

이뿐만 아니라 우리는 **환난**을 당하더라도 즐거워합니다.
그것은 환난이 인내를 낳고 또 인내는 **연단**된 인품을 낳고
연단된 인품은 소망을 낳는 것을 알기 때문입니다.

- 쉬운성경 로마서 5:3, 4

♡ 우리 기도해요!

"하나님, 저는 힘든 일을 당하면 속상하고
어떻게 해야 할지 몰라 울 때가 많아요.
그러나 힘든 일을 이겨내면서 강해지는 것을 알아요.
그리고 강해지는 힘을 주님이 주신다는 것도 알고 있어요.
요셉과 같이 힘든 일을 잘 이겨내는 주님의 어린 이가 되게 해주세요."
예수님의 이름으로 기도합니다. 아멘

【환난】 근심과 재앙 **【연단】** 몸과 마음을 굳세게 함

마음이 즐거우면 얼굴이 환하지만 마음의 근심은 영혼을 상하게 한다.
- 쉬운성경 잠언 15:13

♡ 우리 기도해요!

"하나님, 항상 기쁘고 즐겁게 생활해서 얼굴이 환해졌으면 좋겠어요.
다른 사람들이 제 얼굴을 보고 기분 좋아질 수 있잖아요.
앞으로 즐겁게 사는 어린이가 될게요."
예수님의 이름으로 기도합니다. 아멘

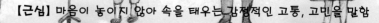

【근심】 마음이 놓이지 않아 속을 태우는 감정적인 고통, 고민을 말함

연약한 사람들을 돌보는 사람은 행복한 사람입니다.
어려움이 닥칠 때에 여호와께서 그 사람을 건져 주십니다.
- 쉬운성경 시편 41:1

♡ 우리 기도해요!

"하나님 아버지,
추운 날씨에 따뜻한 옷과 집이 없이 길거리에 나와 있는
불쌍한 사람들을 지켜주시고 위로해 주세요."
예수님의 이름으로 기도합니다. 아멘

【연약】 마음이 여리거나 힘이 약함

12월27일

우리가 **신실**하지 못할 때에도 주님은 우리에게 신실하게 대하십니다.
왜냐하면 그분은 자기를 부인할 수 없으시기 때문입니다.

- 쉬운성경 디모데후서 2:13

♡ 우리 기도해요!

"사랑의 주님,

저는 주님께 잘하겠다 하면서도 약속을 지키지 않을 때가 너무 많아요.
하지만 주님은 언제나 제게 한 약속을 지키시는 주님이세요.
정말 죄송해요. 주님과 한 약속을 잘 지키는 어린이가 될게요."
예수님의 이름으로 기도합니다. 아멘

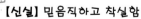

【신실】 믿음직하고 착실함

1월2일

예수님께서 삭개오에게 말씀하셨습니다.
"오늘 이 집에 **구원**이 찾아왔다. 이 사람도 아브라함의 자손이다.
인자는 잃어버린 사람을 찾아 구원하러 왔다."

- 쉬운성경 누가복음 19:9,10

♡ 우 리 기 도 해 요 !

"주님, 삭개오는 키가 작아 예수님이 보이지가 않았대요.
그래서 나무 위로 올라갔지요.
그런 삭개오를 주님이 만나주셨어요.
삭개오를 만나주신 것처럼 저에게도 찾아와 주세요."
예수님의 이름으로 기도합니다. 아멘

【구원】 죄악과 고통에서 건져 냄

주는 나의 **피난처**이시며 방패이십니다.
나는 나의 소망을 주의 말씀에 두었습니다.
- 쉬운성경 시편 119:114

♡ 우리 기도해요!

"전쟁에서 방패는 정말 필요해요.
적군의 공격을 막아주기 때문이에요.
주님은 저의 방패에요.
마귀의 공격을 막아주시기 때문이에요."
예수님의 이름으로 기도합니다. 아멘

[피난처] 위험이나 재난을 피할 수 있는 곳.
        성경에서는 인간을 보호하시는 하나님을 가리킴

1월 1일

행복한 사람은 나쁜 사람들의 꼬임에 따라가지 않는 사람입니다.
행복한 사람은 **죄인**들이 가는 길에 함께 서지 않으며
빈정대는 사람들과 함께 자리에 앉지 않는 사람입니다.
- 쉬운성경 시편 1:1

♡ 우리 기도해요!

"새해가 시작되었어요.
주님, 올 한 해는 주님을 최고로 섬기면서 살아가는
멋진 해가 되게 해주세요.
나쁜 길로 가지 않게 도와주세요."
예수님의 이름으로 기도합니다. 아멘

【죄인】 죄를 지은 사람

12월 29일

여호와 이스라엘의 하나님을 영원부터 영원까지 찬양합시다.
모든 백성들이여, '아멘!' 하십시오. 여호와를 찬양하십시오.
- 쉬운성경 시편 106:48

♡ 우리 기도해요!

"하나님, 오늘 말씀처럼 하나님을 영원히 찬양해요.
매일매일 하나님께 찬양하는 제가 될게요."
예수님의 이름으로 기도합니다. 아멘

【아멘】 기도나 찬송 또는 설교 끝에 그 내용에
동의하거나 그것이 이루어지기를 바란다는 뜻

하나님, 제 기도 한번 들어보실래요?

START

12월 30일

너희는 찾을 만한 때에 여호와를 찾아라.
가까이 계실 때에 여호와를 불러라.
- 쉬운성경 이사야 55:6

♡ 우리 기도해요!

"하나님, 하나님은 영원히
저를 떠나지 않으실 것을 믿어요.
항상 제 곁에 계셔서 저를 보호해주세요.
내년에도 저를 계속 지켜 주세요."
예수님의 이름으로 기도합니다. 아멘

[여호와] 구약에서 하나님을 부르는 대표적인 이름

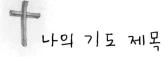 나의 기도 제목

_____

_____

_____

_____

_____   예수님의 이름으로 기도합니다. 아멘

게으름 피우지 마십시오.
믿음과 인내를 가지고 나아가면 하나님께서 **약속**하신 것을 받게 될 것입니다.
- 쉬운성경 히브리서 6:12

♡ 우리 기도해요!

"하나님, 한 해를 무사히 보낼 수 있게 해주셔서 감사해요.
일 년 동안 많은 기도를 했어요. 주님의 뜻은 반드시 이루어진다고 하셨죠?
믿음을 가지고 오래 참고 기다리며 계속 기도할게요.
주님 정말 사랑하고 감사해요."

예수님의 이름으로 기도합니다. 아멘

【약속】 앞으로 있을 특정한 일에 대해 지키겠다고 상대방과 서로 결정하는 것

하나님의 사랑스런 자녀

_____ (이)가 예수님을 닮아

아름답게 자라나기를 기도합니다,

From. _____

365말씀 & 기도

완전 소중한 기도

발행일 · 2022년 5월 1일

펴낸이 · 김 수 곤

펴낸곳 · 선교햇불ccm2u

등록일 · 1999년 9월 21일 / 제54호

주 소 · 서울시 송파구 백제고분로 27길 12(삼전동)

총 판 · 선교햇불

전 화 · 02)2203-2739

팩 스 · 02)2203-2738

홈페이지 . www.ccm2u.com

선교햇불은 교회(단체)맞춤찬양집 전문출판사입니다.

365말씀 & 기도

완전 소중한 기도

매일매일 성경보고 기도하는 킹왕짱 어린이~!

신교횃불

CCM²U

365말씀 & 기도

완전 소중한 기도

매일매일 성경보고 기도하는 킹왕짱 어린이~!

이렇게 좋아요~

nevertheless6491님 : 성경에 나오는 어려운 단어마다 해석이 나와 있어 너무 좋습니다.
giqity님 : 글씨도 크고 그림이 예쁘니깐 우리 아이가 요즘 이것만 보네요.^^
tnwjd님 : 어떻게 기도하면 되는지 기도의 방향을 알려주는 최고의 선물!!
cute0826님 : 주일학교 달란트 시장 선물로 이용했는데 아이들이 정말 좋아합니다.
appleboom2002님 : 나도 이제 엄마처럼 기도 할 수 있어요.

365말씀 & 기도
완전 소중한 기도

발행일 · 2022년 5월 1일
펴낸이 · 김 수 곤
펴낸곳 · 선교햇불ccm2u
등록일 · 1999년 9월 21일 / 제54호
주　소 · 서울시 송파구 백제고분로 27길 12(삼전동)
총　판 · 선교햇불
전　화 · 02)2203-2739
팩　스 · 02)2203-2738

· 홈페이지 www.ccm2u.com
· 선교햇불은 교회(단체)맞춤찬양집 전문출판사입니다.